"ධම්මෝ හි වාසෙට්ඨා, සෙට්ඨෝ ජනේතස්මිං
දිට්ඨෝ චේව ධම්මේ, අභිසම්පරායේ ච."

වාසෙට්ඨයෙනි, මෙලොවෙහි ත්, පරලොවෙහි ත්
ජනයා අතර ධර්මය ම ශ්‍රේෂ්ඨ වෙයි !

- අග්ගඤ්ඤ සූතුය - භාග්‍යවත් බුදුරජාණන් වහන්සේ

නුවණ වැඩෙන බෝසත් කථා - 53
ජාතක පොත් වහන්සේ

(විධුර ජාතකය)

පූජ්‍ය කිරිබත්ගොඩ ඥාණානන්ද ස්වාමීන් වහන්සේ

ISBN : 978-624-5524-20-4

මුද්‍රණය	:	ශ්‍රී බු.ව. 2567 ඇසළ මස (2023 ජූලි)
සම්පාදනය	:	මහමෙව්නාව භාවනා අසපුව
		වඩුවාව, යටිගල්ඔළුව, පොල්ගහවෙල.
		දුර : 037 2244602
		info@mahamevnawa.lk | www.mahamevnawa.lk
ප්‍රකාශනය	:	මහාමේඝ ප්‍රකාශකයෝ
		වඩුවාව, යටිගල්ඔළුව, පොල්ගහවෙල.
		දුර : 037 2053300, 076 8255703, 070 511 7 511
		info@mahamegha.store | www.mahamegha.store
මුද්‍රණාලය	:	ලීඩ්ස් ග්‍රැෆික්ස් (පුද්.) සමාගම,
		අංක 356 E, පන්නිපිටිය පාර, තලවතුගොඩ.
		ටෙලි: 011-4301616 / 0112-796151
		E-mail: info@leedsgraphics.com | leedsgraphics@yahoo.com

නුවණ වැඩෙන බෝසත් කථා - 53

ජාතක පොත් වහන්සේ

(විධුර ජාතකය)

සරල සිංහල පරිවර්තනය

පූජ්‍ය කිරිබත්ගොඩ ඤාණානන්ද ස්වාමීන් වහන්සේ

ප්‍රකාශනයකි

පෙරවදන

විදුර ජාතකය ඉතා අද්භූත කතාවකි. හැම අතින් ම විස්මය දනවයි. ඇතැම්විට ගත ලොමුඩැහැ ගන්වයි. අතිශයින් රසවත් කතාවකි. මෙහි අන්තර්ගත චරිතයන් ලෝක තුනකට අයත් ය. මිනිස් ලොව, යක්ෂ ලොව හා නාග ලොවට අයත් චරිතයන් මෙහි දැක්ක හැකිය.

ඒ සියලු ලෝකයන්ට පොදු ලෙස දක්නට ඇති ප්‍රධාන දෙය නම් ඔවුන් ප්‍රඥා සම්පන්න නොවීම යි. එනිසා ම ඉතා යහපත් ගුණ ඇති, උදාර පුද්ගලයන්ට පවා නිකරුණේ දුක් කරදර රාශියකට බඳුන් වෙන්ට සිදුවේ.

මෙහි කැපී පෙනෙන ප්‍රධාන චරිතය නම්, සිතාගත නොහැකි තරම් අසාමාන්‍ය පාරමී පුණ්‍ය බලයෙන් යුතු විදුර පණ්ඩිතයන් ය. ඔහුගේ ශූර්ය වීර්ය විකුමය අතිශය අද්භූත ය. ස්ථානෝචිත ප්‍රඥාවත් එසේ ම ය. ප්‍රශ්න විසදන අයුරුත් පුදුම සහගත ය. අප මහබෝධිසත්වයන්ගේ ගුණවන්ත ජීවිතය මෙහි හැම සිදුවීමක් පාසා ම කැපී පෙනේ. විදුර පණ්ඩිතයන්ගේ චරිතයෙන් ගත හැකි ආදර්ශ බොහෝ ය.

එසේ ම පෙර අතීතයේ තිබුණේ මෙකල මෙන් පාර්ලිමේන්තු පාලන ක්‍රමයක් නොව රාජාණ්ඩු ක්‍රමය යි. ඒ රාජාණ්ඩු ක්‍රමය තුළ රජුගේ සේවකයා කවර ගුණාංග-යන්ගෙන් යුතු විය යුතු ද යන්න පිළිබඳව බෝධිසත්වයන් විසින් කරනු ලබන උපදේශාත්මක විග්‍රහය මෙකලට පවා අතිශය උපකාර වනු ඇත. මක් නිසා ද යත්, මෙකල

එවැනි ගුණවත් මනුෂ්‍ය ප්‍රජාවක් ගැන සිතාගත නොහැකි නිසා ය.

සක්විති රජවරුන්ට පමණක් හිමිවන චක්‍රවර්ති මාණික්‍ය රත්නය ගැන ධර්මයෙහි සඳහන් වන නමුත් එහි ඇත්තේ කුමන ස්වභාවයක් දැයි දැනගත හැක්කේ මේ ජාතකයෙනි. අහස, පොළොව, ජලය මෙන්ම සදෙව්ලොව පුරාත් ආනුභාව පැතිරවිය හැකි සක්විති මිණිරුවන ගැන ඉතා අසිරිමත් තොරතුරු මෙහි සඳහන් ය.

විධුර පණ්ඩිතයන් හට මුහුණ දෙන්ට සිදුවන සියලු ආපදාවන්හිදී ම ඔහු තුළ පවත්නා අතිශය සත්‍යවාදී බවත් කෝප රහිත මෙත් සිතත් මේ ජාතක කතාව පුරා මැනවින් දිස්වේ. අන් සියලු දෙනා තම තමන්ගේ මෝඩකම් හේතුවෙන් මුහුණ දෙන කරදරත් ඒ සියල්ල මැද, බෝධිසත්වයෝ කිසිවෙකු හා නොගැටී, මෙත් සිතින් විසීමත් පුදුම සහගත දෙයකි. එය මහබෝසත්වරුන්ට ම අයත් අනන්‍යතාවක් බව හොඳින් පෙනේ.

මේ ජාතක කතාවෙන් නුවණැතියෙකුට උගත හැකි බොහෝ කරුණු තිබේ.

හැම දෙනාටම තෙරුවන් සරණයි!

මෙයට,
ගෞතම බුදු සසුන තුළ මෙත් සිතින්,
පූජ්‍ය කිරිබත්ගොඩ ඤාණානන්ද ස්වාමීන් වහන්සේ
ශ්‍රී බුද්ධ වර්ෂ 2567 ක් වූ ඇසළ මස 10 දා

මහමෙව්නාව භාවනා අසපුව
වඩුවාව, යටිගල්ඔළුව,
පොල්ගහවෙල.

නුවණ වැඩෙන බෝසත් කථා - 53

(විධුර ජාතකය)

නමෝ තස්ස හගවතෝ අරහතෝ සම්මාසම්බුද්ධස්ස
ඒ භාග්‍යවත් අර්හත් සම්මා සම්බුදුරජාණන් වහන්සේට නමස්කාර වේවා!

විධුර ජාතකය

අප මහබෝසත්
විධුර පණ්ඩිතයන්ගේ කතාව

පින්වතුනේ, පින්වත් දරුවනේ,

ඒ දිනවල අපගේ භාග්‍යවතුන් වහන්සේ වැඩවාසය කොට වදාළේ සැවැත් නුවර ජේතවනයේ.

දවසක් දා දම්සභා මණ්ඩපයට රැස්වූ හික්ෂූ සංසයා අතර මේ කතාව ඇති වුණා. "ඇවැත්නි, අපගේ ශාස්තෘන් වහන්සේ මහා ප්‍රඥාවන්ත යි. ඉතා පැළුල ප්‍රඥාවකින් යුක්ත යි. ප්‍රීතිය බහුල ප්‍රඥාවකින් යුක්ත යි. වේගවත් ප්‍රඥාවෙන් යුක්ත යි. තියුණු ප්‍රඥාවෙන් යුක්ත යි. විනිවිද යන ප්‍රඥාවෙන් යුක්ත යි. අන්‍ය මිසදිටු මතයන් බිඳින සේක. ක්ෂත්‍රිය, බ්‍රාහ්මණ ආදි පණ්ඩිතයන් විසින් රචනා කොට ගෙන එන සියුම් ප්‍රශ්න තමන් වහන්සේගේ ප්‍රඥාවෙන් බිඳ, ඔවුන් ශාන්ත කොට, සරණ සිල්හි පිහිටුවා නිවන් මගට පමුණුවන සේක."

ඒ අවස්ථාවේ භාග්‍යවතුන් වහන්සේ එතැනට වැඩම කොට වදාළා. හික්ෂූ සංසයා තමන් කතා කරමින් සිටි

කරුණා භාග්‍යවතුන් වහන්සේට සැලකළා. භාග්‍යවතුන් වහන්සේ මෙය වදාළා.

"මහණෙනි, පරම සම්බෝධියට පත් තථාගතයෝ මෙකල අන්‍යයන්ගේ මිසදිටු මතයන් බිඳ, ඔවුන් යහමග හික්මවීම අසිරියක් නොවේ. නමුදු බෝධිඥාණය සොයමින් සසර සැරිසරා යද්දී පෙර භවයන්හිදිත් තථාගතයෝ ප්‍රඥාසම්පන්න ව සිට අන්‍යයන්ගේ වැරදි මතවාද බිඳ තියෙනවා. විධුර කුමාර ව ඉපිද සිටි කාලයේ සැට යොදුන් උස කාල පර්වත මුදුනෙහි සිටි පූර්ණක නමැති යක්ෂ සෙන්පතියාව මගේ නුවණේ බලයෙන් දමනය කළා. ඔහු ශාන්ත භාවයට පත්කොට මගේ ජීවිතයත් බේරා ගත්තා." යි මේ අතීත කතාව ගෙනහැර දක්වා වදාළා.

යටගිය අතීතයේ කුරු රට ඉඳිපත් නුවර ධනංජය කෝරව්‍ය නම් රජෙක් රාජ්‍ය විචාරමින් සිටියා. ඔහුගේ අර්ථධර්මානුශාසක තනතුරේ සිටියේ විධුර නම් නුවණැති ඇමතියෙක්. ඒ විධුර පණ්ඩිතයා මියුරු බස් ඇති මහධර්මකථිකයෙක්. මුළු දඹදිව තලයේ රජවරු හස්තිකාන්ත වීණා නදින් වසඟ වී ගිය ඇතුන් සේ ඔහුගේ මියුරු ධර්මකථාවට වසඟ වුණා. ඔවුන්වත් තමන්ගේ රාජ්‍යයන්ට යාගන්ට නොදෙමින්, බුදුකෙනෙකු පහළ වූ කලක් මෙන් මහජනයාට ධර්ම දේශනා කළා. මහත් වූ යස පිරිවරින් යුතුව ඉඳිපත් නුවර වාසය කළා.

ඒ කාලයේ බරණැස් නුවර සිටි ඉතා වංශවත් බ්‍රාහ්මණ කුලයට අයත් ගිහි යහළුවන් සිව්දෙනෙක් කාමයන් කෙරෙහි කලකිරුණා. ගිහි ජීවිතයට සමු දී හිමවතට

ගොහින් සෘෂි පැවිද්දෙන් පැවිදි වුණා. ධ්‍යාන අභිඥා, අෂ්ට සමාපත්ති උපදවා ගත්තා. වනමුල් එලාහාරයෙන් යැපෙමින් බොහෝ කල් වන වාසයේ විසුවා. කලකට පසු ලුණු ඇඹුල් සෙවීම පිණිස පහළට බැස්සා. චාරිකාවේ හැසිර යමින් අංග රටටත් ආවා. එහි කාලවම්පා නුවරට අවුත් රජ්ඵයනේ වාසය කොට පසුවදා නගරයට පිඩුසිඟා ගියා.

කාලවම්පා නුවර සිටි ගිහි යහළුවන් සිව්දෙනෙක් මේ තවුසන්ගේ ශාන්ත පැවතුම්වලට පැහැදුණා. එක් එක්කෙනා හික්ෂා භාජනය ඉල්ලාගෙන තම තමන්ගේ නිවෙස්වලට ඔවුන් කැඳවාගෙන ගියා. ප්‍රණීත ආහාරපානයෙන් උපස්ථාන කළා. දිගටම එහි නැවතී සිටින්නත් කැමති කරවාගෙන උයනේ ම වාසය සලසා දුන්නා.

තාපසයින් සිව්දෙනාත් ඔවුන්ගේ නිවෙස්වලට ගොස් දානය ගන්නවා. දානයෙන් පසු දිවා කාලය ගත කිරීම පිණිස එක් තවුසෙක් තව්තිසා දෙව්ලොව යනවා. තව තවුසෙක් නාග භවනට යනවා. තවත් තවුසෙක් ගුරුළු භවනට යනවා. අනිත් තවුසා කෝරව්‍ය රජුගේ මිගාචිර නම් උයනට යනවා.

ඒ තවුසන් අතරින් යමෙක් තව්තිසාවට ගොහින් දවල් කාලය ගෙවයි ද, ඔහු සක්දෙවිඳුගේ යසස් දැක අවුත් තමන්ගේ උපස්ථායකයාට එය ම වර්ණනා කරනවා. දිවා විහරණය පිණිස නාගභවනට ගිය තවුසා නාගරාජයාගේ සම්පත් දැක සිය උපස්ථායකයාට එය ම වර්ණනා කරනවා. ගුරුළු භවනට ගිය තවුසා ගුරුළු රාජයාගේ සම්පත් දැක සිය උපස්ථායකයාට එය ම වර්ණනා කරනවා. කෝරව්‍ය

රජුගේ මිගාචිර උයනට ගිය තවුසා එහි ධනංජය රජුගේ ශ්‍රී සෞභාග්‍යය දැක සිය උපස්ථායකයාට එය ම වර්ණනා කරනවා. එතකොට උපස්ථායකයින් සිව්දෙනාත් තම තමන් ඇසූ පිළිවෙළ අනුව ඒ ඒ තැනට පැහැදුණා. ඒවා ම පතා දානාදී පින්කම් කළා.

ඔවුන් මියගිය පසු එක් අයෙක් සක්දෙවිඳු ව උපන්නා. අනිකා අඹුදරුවන් සහිත ව නාගලෝකයේ වරුණ නම් නාරජු ව උපන්නා. අනිකා හිඹුල්වන ගුරුළු විමනේ වේනතෙය්‍ය නම් ගුරුළු රජ ව උපන්නා. අනිකා ධනංජය රජුගේ අගමෙහෙසිය කුස උපන්නා. ඔහුට කෝරව්‍ය ධනංජය කුමරා යන නම ලැබුණා. තාපසයින් සිව්දෙනා ම බඹලොව උපන්නා.

කෝරව්‍ය කුමාරයා නිසි වයසින් වැඩී ගිය විට, ධනංජය පියරජුගේ අභාවයෙන් පසු කෝරව්‍ය ධනංජය නමින් රජකමට පත්වුණා. දැහැමි ලෙස රාජ්‍ය කළා. නමුත් මොහු සූදු ක්‍රීඩාවට ඉතාමත් ලොල් වූ අයෙක්. විධුර පණ්ඩිතයන්ගේ අවවාද අනුව පිහිටි ධනංජය රජා නිතර දන් දුන්නා. සිල් රැක්කා. පොහෙවස් සමාදන් වුණා.

දිනක් ඔහු පොහෙවස් සමාදන් ව විවේකයෙන් වාසය කරන්ට ඕනෑ යි සිතා මිගාචිර උයනට ගියා. සිත්ගත් තැනක හිඳ කෙලෙස් සංසිඳුවමින් විසුවා. සක්දෙවිඳුත් පොහෙවස් සමාදන් වුණා. එයට දෙව්ලොව බාධා තියේ ය කියා මනුලොව අවුත් ඒ උයනට ම ගියා. සිත් ගත් තැනක හිඳ කෙලෙස් සංසිඳුවමින් විසුවා. වරුණ නමැති නාරජත් නාගභවනේ බාධා තියේ ය කියා ඒ උයනට ම ගොහින්, පොහෙවස් සමාදන් ව, සිත් ගත් තැනක හිඳ

කෙලෙස් සංසිඳුවමින් විසුවා. ගුරුළු රජාත් ගුරුළු හවනේ බාධා තියේ ය කියා එතැනට ම ගොහින්, පෙහෙවස් සමාදන් ව, සිත් ගත් තැනක හිඳ කෙලෙස් සංසිඳුවමින් විසුවා.

ඒ සිව්දෙනා සවස් වරුවේ, හුන් තැනින් නික්ම මඟුල් පොකුණු තෙර රැස්වුණා. එකිනෙකා දෙස බැලුවා. පෙර ආත්මයේ තිබූ ස්නේහය නිසා සමඟි ව සතුටු වුණා. එකිනෙකා කෙරෙහි මෙත් සිතින් මියුරු පිළිසඳර කතාබස් කළා. සක්දෙවිඳු මඟුල් ගල්තලාවේ හිඳගත්තා. අනිත් අය තමන්ට සුදුසු තැන්වල වාඩිවුණා.

එතකොට සක්දෙවිඳු ඔවුන්ට මෙය කීවා. "මිතුරනි, අපි සතර දෙනා ම රජවරු නොවැ. හා... එහෙමනම් කියමු බලන්ට අප අතරින් කාගේ සීලය ද වඩා උසස්?"

එතකොට වරුණ නාගරාජයා මෙය කීවා. "හරි... මං කියඤ්ඤෙං. තමුන්නාන්සේලා තුන්දෙනාගේ ම සීලයට වඩා මයෙ සීලය හැම අතින් ම උසස්. ඒකට කාරණාව මේකයි. මෙතන ඉන්න ගුරුළුරාජයා උපනුපන් සියලු නයින්නේ සතුරා. ඉතින් මං අපේ ජීවිත නසා දමනසුලු මෙබඳු සතුරෙකු දැක දැකත් ක්‍රෝධයක් නොකොට මෙත් සිතින් ඉන්නවා නොවැ. මේ කාරණයෙනුයි මයෙ සීලය උසස් වුණේ." යි මේ ගාථාව කීවා.

001. යම් සත්පුරුෂයෙක් කිපිය යුතු අයෙකු දැක
     ඔහු කෙරෙහි කිසිවිට කෝප නොකරයි නම්
     කිසි කලෙක සත්පුරුෂයා අනුන්ට නොකියේ
     ඉදින් ඔහු කිපුණත් කෝප වූ බව නොපෙන්වයි
     හේ ලොවේ සැබෑවින් ම කෙලෙස් සංසිඳුවන්නෙකි

මා තුළ ඇති මේ ගුණය නිසයි මං කීවේ මයෙ සීලය උසස් කියා. එතකොට ම ගුරුළු රජා ඉදිරිපත් වුණා. "හරි... එහෙනම් අහන්ටකෝ මයෙ කතාව. මේ නාගයා තමයි අපගේ අග්‍ර භෝජනය. ඉතින් මං මෙබඳු වූ අග්‍ර බෝජුනක් දැක හිටං, කුසගින්නේ ඉවසාන, ආහාරයක් නිසාවත් පවක් නොකොට ඉන්නවා නොවැ. ඉන් නිසා මයෙ සීලය තමයි උසස්." කියා මේ ගාථාව කීවා.

002. කුස පිරී නැති යමෙක් ඉවසයි ද කුසගිනි
    ඉඳුරන් මැඬ, තපස් රැක, පමණ දැන බුදී නම්
    ආහාරය වෙනුවෙන් පවක් නොකරයි නම්
    හේ ලොවේ සැබැවින් ම කෙලෙස් සංසිඳුවන්නෙකි

එතකොට සක්දෙවිඳු මෙය කීවා. "එහෙනම් මේ කතාවත් අසමුකෝ. දිව්‍ය ලෝකය කියන්නේ අනේකප්‍රකාර වූ සැපයන්ට ආසන්න ම කාරණය යි. එබඳු දෙව්සැප අත්හැර මං මේ මනුස්ස ලෝකයට ආවේ සීලයට ඇති ආසාව නිසා ම යි. අන්න ඒ කරුණෙන් මයෙ සීලය තමා වඩා උසස්." යි මේ ගාථාව කීවා.

003. යමෙක් කයින් වදනින් කෙළි සෙල්ලම් අත්හැර
    දිව්‍ය කම්සුවට ඇල්මත්, ඒ සියල්ලත් අත්හැර
    ලොවේ කිසිවිටක හේ බොරුවකුත් නොකියා
    කය සැරසීමෙනුත්, මෙප්පුනයෙනුත් වළකී නම්
    හේ ලොවේ සැබැවින් ම කෙලෙස් සංසිඳුවන්නෙකි

එය අසා ධනංජය රජා මෙය කීවා. "හරි... තමුන්නාන්සේලා මා ගැනත් අසා දැනගත්තොත් හොඳා. අද මං අත්හැරියේ සුළුපටු දෙයක් නොවේ. දහසය දහසක් පියකරු ළඳුන්, අනේකප්‍රකාර කාම වස්තුන්ගෙන්

පිරී ඇති රජමැදුරක්. ඒ සියලු දේ අත්හැර උයනට ඇවිත් මං කළේ කෙලෙස් සංසිඳුවීම යි. ඉතින් මයෙ සීලය නේද උසස්." යි මේ ගාථාව කීවා.

004. ආසාව උපදන සියලු වස්තු කාමයන්
     නුවණින් සලකා, යමෙක් අත්හරියි නම්
     ඉඳුරන් දමනය කොට, සිතත් එකඟ කොට
     මමත්වය හැර, අඳුරු ඇල්මත් අත්හරියි නම්
     හේ ලොවේ සැබෑවින් ම කෙලෙස් සංසිඳුවන්නෙකි

මෙසේ ඒ සතරදෙනා තම තමන්ගේ සීලය ම යි උසස් හැටියට දැක්වූයේ. එතකොට ඔවුන් ධනංජය රජුට මෙය කීවා. "මහරජ, දැන් අපි හැමෝම කීවේ තමුන්නේ සීලය ම උසස් කියා නොවැ. තමුන්නාන්සේ සමීපයේ අපගේ මේ සැකය දුරුකොට හරියාකාරව මෙය විසඳන්ට ඇහැකි යම් පණ්ඩිතයෙක් නැද්ද?"

"නැත්තෙ මොකෝ රජවරුනි, ඉන්නවා. ඇයි මයෙ අර්ථධර්මානුශාසක පණ්ඩිත ඇමතියා ඉන්නේ. එයැයිගේ ඥානබලය කාටවත් සම කොරන්ට බෑ. එයැයිට කියන්නේ විදුර පණ්ඩිත කියලයි. අපගේ මේ සැකය විසඳා දෙන්ට එයාට ඇහැකි. අපි එහෙනම් විදුර පණ්ඩිත ළඟට ගොහින් මෙය විසඳාගමු."

"ඔව්... එක හොඳා..." කියා කවුරුත් ඒ අදහසට එකඟ වුණා. ඉන් පසු සියලු දෙනා ම උයනින් නික්ම ධර්මසභාවට ගියා. ශාලාව අලංකාර කරවා විදුර පණ්ඩිතයන් එහි මැද උතුම් අසුනේ වාඩි කරවා පිළිසඳර දොඩා එකත්පස්ව හිඳගත්තා. "නුවණැත්ත, අපගේ සැකය විසඳුව මැනව." යි මේ ගාථාව කීවා.

005. කළයුතු දේ කරන අලාමක පැනවතාණෙනි,
     අප කී ගාථාවලින් උපන්නා නොවූ අවුලක්
     අද අපේ සැක සංකා සිඳ බිඳ දමනු මැන
     අද අප හැම තොප නිසා සැකයෙන් එතෙර යමු

එතකොට විදුර පඬිතුමා ඔවුන්ගේ කතාව ඇසුවා. "මහරජවරුනි, තමුන්නාන්සේලාගේ අවුල උපන්නේ සීලය ගැන ගාථා කියන්ට ගොහින් නොවූ. ඉතින් මං දැනගන්ට ඕනෑ ඒවා හරියට ම කීවා ද, වැරදියට කීවා ද කියා." යි පවසා මෙය කීවා.

006. යම් නැණවත්හු අරුත් දකින්ට සමත් නම්
     ඔවුන් එය නුවණින් විමසා සුදුසු කල්හි ම පවසත්
     තවම නොකී ඒ ගාථා නොඇසා කොහොමෙයි
     දක්ෂ වුවත් නිසි අරුත් විසඳන්නේ නිරිඳුනි?

007. සැබැවින් වරුණ නාරජ ගාථාව කීවේ කෙසේ?
     වෙනතෙයය ගුරුළු රජා ගාථාව කීවේ කෙසේ?
     සක්දෙවිඳා කෙසේද සිය ගාථාව කීවේ?
     කුරු රටේ උතුම් නිරිඳා කෙසේද ගාථාව කීවේ?

එතකොට ඒ සිව්දෙනා ම මේ ගාථාව කීවා.

008. සැබැවින් ම ඉවසීම උතුම් යයි නාරජ කීවා
     පමණ දැන කෑම උතුම් යයි ගුරුළුරජ කීවා
     පස්කම්සුව ඇල්ම නැසීම උතුම් යයි සක්දෙවිඳු කීවා
     කිසිවකට නොඇලී සිටීම උතුම් කියා රජ කීවා

ඔවුන්ගේ කතාව ඇසූ විදුර පඬිතුමා මේ ගාථාව කීවා.

009. මේ කියූ සියල්ල ඉතාම හොදයි නොවැ
මේ කීමෙහි කිසි දොසක් නෑ දකින්ට
යමෙකු තුළ මේ සිව් කරුණ ම පිහිටා තිබුණොත්
රෝදයේ ගරාදි හරියට ම පිහිටියා වගෙයි
ඉදින් මිනිසෙක් මේ සිව් කරුණෙන් යුතු නම්
සැබැවින් ම හේ ලොවේ කෙලෙස් සංසිඳුවන්නෙකි

මෙසේ බෝධිසත්වයෝ ඒ සිව්දෙනාගේ ම සීලය එක සමාන කොට ප්‍රශංසා කළා. එය ඇසූ සිව්දෙනා ඉතා සතුටු ව විදුර පණ්ඩිතයන්ට ස්තුති පුදමින් මේ ගාථාව කීවා.

010. හා! ශ්‍රේෂ්ඨයෙකි, අනුත්තර ය තොප
ධර්මය රකින්නෙකි, ධර්මය දන්නෙකි
සොඳුරු ප්‍රඥා ඇතියෙකි, තමන්ගේ ප්‍රඥාවෙන්
අපේ ප්‍රශ්න හොඳින් ම හඳුනා ගත්තා
වීර්යය ඇති නැණවතා අප සැකය සිඳ දැම්මා
දළ කැටයම්කරු කියතින් ඇත්දළ කැපුවා වගේ

මෙසේ පඩිතුමා විසින් ප්‍රශ්න විසඳු ආකාරය ගැන සිව්දෙනා ම අතිශයින් ප්‍රසන්න වුණා. සක්දෙවිඳු ඔහුට දිව්‍ය වූ සියුම් සළුවෙන් පිදුවා. ගුරුළු රජා රන්මාලාවෙන් පිදුවා. නාරජ ගෙල බැඳ තිබූ මැණිකෙන් පිදුවා. ධනංජය රජ දහසක් ගවයන්ගෙන් පිදුවා. ඔවුන් මෙසේත් කීවා.

011. සොඳුරු පැනවතාණෙනි, නිලුපුල් පැහැ දිලෙන
නිමල, අනගි, නිල් පැහැ, සියුම් දිව්‍ය සළුව මේ
පැනය විසඳු නිසා ලත් සතුටින් මම්
ධර්ම පූජාවක් ලෙස තොපට පුදනෙම්

012. සොඳුරු පැනවතාණෙනි,
     සියපත් විදහා පිපි අරවින්දයක් බඳු
     රේණු සහිත දහස් රත්නයෙන් හෙබි
     ඉතා අලංකාර මේ රන් මාලය
     පැනය විසඳූ නිසා ලත් සතුටින් මම්
     ධර්ම පූජාවක් ලෙස තොපට පුදනෙමි

013. සොඳුරු පැනවතාණෙනි, මා ගෙල පැළඳි මේ
     අනගි, සිත්කලු, රැස් විහිදෙන මැණික
     පැනය විසඳූ නිසා ලත් සතුටින් මම්
     ධර්ම පූජාවක් ලෙස තොපට පුදනෙමි

014. සොඳුරු පැනවතාණෙනි, දහසක් ගවයන් ද
     වෘෂභයෙකුත්, හස්තිරාජයෙකුත්
     ආජානේය අසුන් යෙදූ මේ රථ දසයත්
     පැනය විසඳූ නිසා ලත් සතුටින් මම්
     ධර්ම පූජාවක් ලෙස තොපට පුදනෙමි

සක්දෙවිඳු හා අනිත් රජවරු දෙදෙනාත් මෙසේ
විධුර පඩිතුමා පුදා සක්දෙවිඳු දෙව්ලොව ගියා. නාරජ
නාලොව ගියා. ගුරුළුරජ ගුරුළු භවනට ගියා.

*   *   *   *   *

ඔවුන් අතර සිටි වරුණ නාගරාජයාට විමලාදේවී
නමින් නාගමහේෂිකාවක් ඉන්නවා. රජුගේ ගෙල පැළඳ
තිබූ මැණික නොදුටු ඇ "දේවයෙනි, තොප ගෙල පැළඳි
මැණික කෝ?" කියා ඇසුවා. එතකොට ඔහු මෙය කීවා.

"සොඳුරි, මනුලොව, කුරු රට ඉඳිපත් නුවර චන්ද
බ්‍රාහ්මණයාගේ පුත්‍ර විධුර පණ්ඩිතයන්ගෙන් අපූරු දහම්

කතාවක් අසන්ට ලැබුණා නොවැ. ඉතින් මයෙ සිත හොඳටෝම පැහැදිලා හිටං, ගෙල පැලඳි මැණිකෙන් මං උන්නාන්සේව පිදුවා. අනික මං විතරක් යැ. සක්දෙවිඳු දිව්‍යමය සියුම් සළුවෙන් පිදුවා. ගුරුළුරාජයා රන්මාලාවෙන් පිදුවා. ධනංජය රජ්ජුරුවෝ දහසක් ගවයන්ගෙන් පිදුවා."

"හෝ... දේවයෙනි, ඒ කියන්නේ විදුර පණ්ඩිතයෝ එතරම් ම මහා ධර්මකථිකයෙක් ද?"

"සොඳුරී, ඔයා මොනාද මේ අහන්නේ? දඹදිව බුදුකෙනෙක් පහල වුණා වගේ. මුළු දඹදිව ම එක්සියයක් රජවරු විදුර පණ්ඩිතයන්ට වසඟ ව ඉන්නේ. හරියට කීවොත් හස්තිකාන්ත වීණා නදින් වශීකෘත වූ මත්තහස්තීන් වගේ. ඒ අය තමුන්නේ රට රාජ්‍යවලටත් නොයා ඉන්නවා. පණ්ඩිතයන්ගේ ධර්ම කතාව එතරම් ම මනඃකාන්තයි නොවැ."

එතකොට විමලාදේවී නාගමහේෂිකා කල්පනාවට වැටුණා. 'අනේ... මාත් හරී ආසයි විදුර පණ්ඩිතයන්ගෙන් බණක් අහන්ට. ඉදින් මං කීවොත් 'දේවයෙනි, මාත් විදුර පණ්ඩිතයන්ගෙන් බණ අහන්ට ආසයි, එයැයි මෙහෙට කැඳවා එන්ට කියා... ඒ වැඩේ වෙන එකක් නම් නොවේ. මයෙ හිතේ දොළ දුකක් උපන්නා ය කියා අසනීප බවක් හඟවා සිටියොත් වැඩේ හරියාවි.' යි සිතා ඇය ගොසින් ඇඳේ වැතිරුණා. උපස්ථායක නාමෙණෙවියන්ට කීවා ඇ‍ට හොඳටම අසනීප ය කියා.

වෙනදා ඇ නාරජුට උපස්ථානයට එනවා. එදා ඇ පෙනෙන්ට නැති නිසා අසා බැලුවා. "කෝ අද විමලා?"

"අනේ දේවයෙනි, විමලාදේවිට හොඳටෝම අසනීපයි."
එතකොට වරුණ නාරජ ගොහින් විමලා සැතපී සිටි ඇඳ
පසෙකින් වාඩි ව සිරුර පිරිමදිමින් මෙය ඇසුවා.

015. ඇයි ද අනේ විමලා මේ ඔයා මැලවිලා?
පඬු පැහැ ගැන්වී හොඳටම ගත දුබල වෙලා?
කලින් තිබූ ලස්සන දැන් ඔයාට නැති වෙලා
විමලාවෙනි, කියන්ටකෝ මට ඉතින්
ඔයාගේ සිරුරට ඇති මොනාද වේදනා?

විමලා නාගමෙහෙසි :-

016. මිනිස් ලොවේ ගෑනුන් හට දොළදුක් හැදෙනවා
නාරජුනේ, මෙයට කියන්නේ දොළදුක කියලා
බලාත්කාරයක් නැතිව දැහැමි ලෙසින් මෙහි
විධුර පණ්ඩිතයන් අරගෙන එන්ට ඕනෙ ම යි
මට එයැයිගෙ හදවත ම යි ඕනෑ

වරුණ නාරජ :-

017. හනේ හපොයි විමලෝ, තී මොනාද ඉල්ලන්නේ?
දොළදුක නම් සඳ හෝ හිරු ඉල්ලාපන්කෝ
අඬුගණනේ සුළඟක්වත් මගෙන් ඉල්ලපන්කෝ
දැකගන්ටත් අපට දුර්ලභයි විධුර පණ්ඩිතයා
කවුදැ ඔහු දැන් මෙහාට අරගෙන එන්නේ?

විමලා දේවී එය අසාගෙන සිට මෙය කීවා. "එහෙනම්
ඔයැයිට මේ නාගභවනේදී දැකගන්ට ඇහැක් වන්නේ
මයෙ මරණය විතරයි. හරිය..?" කියා මුනින් අතට පෙරළී
පිට පෙන්නා, සළු කොනකින් මුව වසා ගත්තා.

නාගරාජයා තමන්ගේ සිරියහන් ගැබට ගියා.

ඇඳ මත වාඩි වී බරපතළ කල්පනාවට වැටුණා. විදුර පණ්ඩිතයාගෙන් බණ අසන්ට ඕනෑ කරුණ යි හදවත ඕනෑ යන වචනයෙන් ඈ කීවේ. නමුත් නාගරාජයාට එය වැටහුණේ වැරදියට යි. ඔහු සිතුවේ හෘදමාංශය උපුටාගෙන එන්ට කීවා කියලයි. 'ඕහ්... හරි ජංජාලයයි නොවැ. දැන් විදුර පණ්ඩිතයන්ගේ හෘදමාංශය ඈට නොලැබුණොත් මැරී යාවි. හප්පේ... මං කොහොමෙයි විදුරයාගේ හෘදමාංශය ලබාගන්නේ?'

ඒ වෙලාවේ නාරජුගේ දියණිය වන, දුටු දුටුවන් වසඟ කරවනසුලු රූවින් හෙබි ඉරන්දතී නාගකන්‍යාවී සියලු අලංකාරයෙන් සැරසී, මහත් ශ්‍රී ශෝභාවෙන් යුතුව, පියරජුට උවටැන් කරන්ට අවුත් වැඳ, එකත්පසින් සිටියා. එවිට ඈට පියරජු කිසියම් විස්සෝපයකින් ඉන්නා වග පෙනුණා. "හනේ... ඇයි පියාණෙනි, ඔයැයි මේ තරම් මහා දුකකින් වගේ. ඉතින් මොකද මේ වුණේ කියන්ටකෝ?" යි මේ ගාථාව කීවා.

018. ඇයි ද පියාණෙනි, මහබර කල්පනා දුකින්?
     ඔයාගේ මුහුණ අතින් තැළු පියුමක් වාගෙයි
     මේ පන්සිය යොදුන් මංජේරිකා නාගභවනේ
     අධිපති රජුනි, ඇයි ඔයා මේ තරම් දුකට වැටුණේ?
     සතුරු පීඩාවන්ට ඔයා සෝක වෙන්ට එපා!

වරුණ නාරජ :-

019. දුවේ ඉරන්දතී, බලාපන්කො මට වූ දේ
     ඔයාගෙ මවිට ඕනෑමලු විදුරයාගේ හදමස
     විදුරගෙ දැක්ම පවා ඉතාමත් ම දුර්ලභ යි
     ඉතින් කවුදෑ ඔහු මෙහෙ අරගෙන එන්නේ?

"ඉරන්දතී, මේකනේ දරුවෝ, විදුර පණ්ඩිතයන්ව මෙහෙ අරගෙන එන්ට ඇහැකි, දන්නා කවුරුවත් ම නෑ. ඔයැයිවත් ඔයාගේ මෑණියන්ගේ ජීවිතේ බේරාදෙන්ට. අඩුගණනේ විදුරයාව එක්කරගෙන එන්ට ඇහැකි ස්වාමියෙකුවත් සොයාපං." කියා දියණිය උත්සාහවත් කරමින් මෙය කීවා.

020. අනේ දුවේ ඉරන්දතී, උඹවත් මෙය සිතා
විදුරයා මෙහි ගෙන ආ හැකි යම් සමතෙක්
සොයා බලා, ඔහු උඹගේ සැමියා ලෙස තබා
විදුරයාව එක්ක එන්ට හදාපන්කො පිළිවෙළක්!

මෙසේ නාරජ සිය බිරිඳ ගැන දැඩි ආසාව නිසා ගෑනු දරුවෙකුට නොකිව යුතු තරම්, නොගැලපෙන කතාවක් පවා කළා.

021. පියාගෙ වචනය ඉරන්දතී දුව අසා
රාග කෙලෙස් වැගිරී ගිය සිතකින් යුතු වුණා
ඒ ම සැමියෙකු සොයා ඈ පිටත් ව ගියා

එය කෙසේ හෝ කරන බවට සිතට ගත් ඉරන්දතී නාගකන්‍යාවී සිය පියා අස්වැසුවා. විමලාදේවී මව ළඟට ගොහින් ඈවත් අස්වැසුවා. තමන්ගේ සිරියහන් ගැබට ගියා. කුසුම්භ මලින් රත් පැහැ ගැන්වූ එක් වතක් හැන්දා. එක් වතක් ඒකාංශ කොට පොරවා ගත්තා. සියලු ආභරණවලින් සැරසුණා. ඒ රයේ ම මුහුදු දියකඳ දෙබෑ කොට නාගභවනෙන් උඩට මතුවුණා. හිමාලය බඳු වන පෙදෙසේ මුහුදු තෙර සිටගත්තා. එහි අඳුන්ගිරි නමින් ඒකසන ශෛල පර්වතයක් කාළපර්වතය නමින් තියෙනවා. එය සැටයොදුනක් උසයි. ඉතින් ඈ රාගය

වැගිරෙන සිතින් යුතුව සැමියෙකු සොයමින් හැසිරුණා.

ඉරන්දතී එසේ හැසිරෙමින්, හිමවතින් ඉතා අලංකාර සුවඳ රස ඇති මල් ගෙනැවිත් මුළු අදුන්ගිරි පව්ව ම මැණික් පර්වතයක් සේ අලංකාර කළා. පර්වත මුදුනේ සුවඳ මල් යහනාවක් ඇතිරුවා. දුටුවන්, ඇසුවන් සිත ඇද බැඳගන්නා අයුරින් නටන්ට පටන් ගත්තා. මියුරු සරින් ගී කීවා.

022. ගාන්ධර්වයෙක් වුව කම් නෑ, රකුසෙක් වුව කම් නෑ
     නාගයෙක්, කිඳුරෙක් හෝ මිනිසෙක් වුවත් කම් නෑ
     සියලු සැප දෙන නුවණැති කවුරු වුවත් කම් නෑ
     බොහෝ කල් එයා මා හා ඉන්ට ආස නම්
     විදුරගෙ හදමස මයෙ මවට ගෙනත් ඕනෑ
     මයෙ සැමියා වෙන්ට ආසා කවුදෝ මෙහි ඉන්නේ?

ඒ මොහොතේ ම වෙසමුණි දෙව්මහරජුගේ නැගණියකගේ පුත්‍රයා වන පූර්ණක යක්ෂ සේනාපති ඉර්ධියෙන් මනෝමය වශයෙන් මවා ගත් තුන් ගව් පමණැති සෙන්ධව මහා අශ්වරාජයෙකු පිට නැඟී මනෝසිලා පර්වතයේ පැවැත්වෙන යකුන්නේ රැස්-වීමට යමින් ගමන අදුන්ගිරි පර්වතයට උඩින් ගියා. පෙර ආත්මයක ඇය හා බැඳුණු අතීතයක් ඇති නිසා මියුරු සරින් ඇසෙන ළඳකගේ ගී හඬ ඔහුගේ සම් මස් නහර ඇට සිඳ ගොස් ඇටමිදුළුවලට කාවැදුණා. යක්ෂයා පහල බලද්දී රන්ලිය පරදවන රූවින්, නටමින් සිටින ඉරන්දතිය දැක ඇය පිළිබඳ සිතක් උපන්නා. යන ගමන නවතා අසුපිට හිඳගෙන ම ඇය ඇමතුවා. "හහ්... හා... සොදුරියේ, මට පුළුවනි... නුවණින් ධර්මයෙන් සෙමෙන්

විදුර පණ්ඩිතයන්ගේ හදමස අරගෙන එන්ට. ඒ ගැන වැඩිය සිතන්ට කාරි නෑ." යි ඇය අස්වසවමින් මෙය කීවා.

023. නින්දා නොලබන නෙත් ඇති ලෝචනියේ,
     සැනසෙන් තී, මං සැමියා ලෙස එන්නම් තිට
     විදුරගේ හදමස ගෙන එන්ට ඇහැකි තරමේ
     ප්‍රඥාවකුත් මට තියෙනවා රුචිරාණනියේ,
     සැනසෙන්ට ඉතින් තී, මයෙ බිරිඳ ඔයා ම ය

024. ඉරන්දතී නාගකන්‍යාවි පෙර භවයේ පුරුදු නිසා
     ඔහුට බැඳි ගිය සිතින් මෙය කීවා
     එන්න මයෙ ප්‍රියේ, අපි යමු යන්ට පියරජු වෙත
     මයෙ පියාණන් තොපට හැම දේ ම පවසාවි

පූර්ණක යක්ෂයා අඬුන්ගිරි මුදුනට අවුත් අසුපිටින් බැස්සා. ඇයව අසුපිට තබාගෙන යෑම පිණිස ඇය දෙසට අත දිගු කළා. එතකොට ම ඉරන්දතී තමාගේ අත ඔහුට ගන්ට නොදී, ඔහු දිගු කළ අත තමන් ළඟට ඇදගෙන, පෙර ළඟ ආත්මෙක තමන්ගේ ස්වාමියා ලෙස ඔහු සිටි නිසා ඒ අනුව ම සිතා "මයෙ පෙම්බර ස්වාමී, මං දැන් අනාථ නෑ. මයෙ පියා වරුණ නාගරාජ්‍යා. මව් තමයි විමලාදේවි. ඉතින් අනේ... එහෙනම් අපි මාපියන් වෙත යමු. එයාලා කියන හැටියටයි අපේ මංගල කටයුත්ත වෙන්ට ඕනෑ." යි කීවා.

025. සොඳුරු සළ්පිළි හැඳ, පැලඳ සුවඳ මල්මාලා
     සුදු සඳුන් කල්කයන් ගත තවරා ඉරන්දතී
     පූර්ණක යකුගේ අත ගෙන පියරජු වෙත ගියා

පූර්ණක යක්ෂයා ඇය හා දොරටුව තෙක් ගොහින්

නාරජු වෙත පැමිණ ඉරන්දතීට කතා කිරීම වළක්වමින්
මෙය කීවා.

026. නාරජුනි, අසනු මැන මා කියන මේ කරුණ
     ඉරන්දතී ගැන මට පිළිබඳ සිතක් උපන්නා
     එයට ගැලපෙන සියලු දායාද මං තොපට දෙමි
     ඒවා පිළිගෙන ඇය හා මා එක්කොට දෙනු මැන

027. සියක් ඇතුන්, අසුන්, සියක් වෙළඹුන් යෙදූ රථ
     නා නා රුවන් පමණක් පිරවූ සියක් ගැල්බඩුත්
     දායාද ලෙස පිළිගෙන, ඉරන්දතී දියණිය දෙනු මැන

වරුණ නාරජ :-

028. ඒක මෙහෙමනේ යක්ෂ සෙනෙවිය,
     නෑයන්ට, මිතුරන්ට, සුහදයන්ට කියන්ට ඕනෑ
     ඔවුන්ට දැනුම් නොදී මං යමක් කළොත්
     පස්සට පසුතැවෙන්ටත් ඉඩ තියේ
     එනිසා එතෙක් කල් ඉවසා සිටින් හොඳේ

මෙහෙමනේ පුතණ්ඩ, ගෑනු කියන්නේ කැන්දන් ආ
අලුත සිත් අලවා ඉන්න අය. එසේ සිත් අලවාගෙන ඉන්ට
බැරිවුණොත්, අපට ම ආඬපාලි කියාවි, නෑයන් හා අප
මේ ගැන කතා කළේ නැත, එසේ නෑයන් හා කතාබස්
නොකොට කළ දීගය නිසා මෙය වුණේ කියලා. එහෙම
වුණොත් අපට පස්සට පසුතැවෙන්ට වෙනවා නොවැ."
යි නාරජ කීවා.

029. ඉන් පසු වරුණ නාරජ නාභවනට පිවිසුණා
     යහනේ සැතපී හුන් විමලාවන් වෙත ගියා
     ඇය අසලට විත් මේ වචනත් කීවා

030. සොඳුරී විමලෝ, පූර්ණ යක්සෙනෙවි මෙහි ආවා
     ඉරන්දතී ද බිරිය කොට ඔහුට දෙන්ට කීවා
     මහ දැවැද්දකුත් යකා අපට පිළියෙල කෙරුවා
     ඉතින් අපි එයැයිට කෙලි බන්දා දෙමු ද?

විමලා නාගමහේෂි :-

031. නෑ නෑ ධන සම්පත් අපට වැඩක් නෑ
     අපේ ඉරන්දතී එහෙම ඔහුට දෙන්ට බෑ
     ඉදින් ඔහු පණ්ඩිතයාගෙ හදවත
     සැහැසි නොවී දැහැමි ලෙස මෙහි අරගෙන ඒ නම්
     අන්න ඒ ධනයෙන් කුමරී ඔහුට ලැබේවී
     ඊට වඩා වෙන ධනයක් අපට ඕනෑ නෑ

032. ඉතින් වරුණ නාරජ සිරිගැබෙන් පිටට ආවා
     පූර්ණක යකු අමතා මෙකරුණ ද කියා සිටියා

033. නෑ නෑ ධන සම්පත් අපට වැඩක් නෑ
     අපේ ඉරන්දතී එහෙම තොපට දෙන්ට බෑ
     ඉදින් තොප පණ්ඩිතයාගෙ හදවත
     සැහැසි නොවී දැහැමි ලෙස මෙහි අරගෙන ඒ නම්
     අන්න ඒ ධනයෙන් කුමරී තොපට ලැබේවී
     ඊට වඩා වෙන ධනයක් අපට ඕනෑ නෑ

පූර්ණක යක්සෙනෙවි :-

034. නාරජුනි, මේ ලෝකේ යමෙකුට පණ්ඩිත කියයි ද
     ඔහුට ම තවත් අය බාලයා කියාත් කියනවා
     එනිසා පැහැදිලිව කියන්ට තොප කියු කරුණ දැන්
     කවර නම් පණ්ඩිතයෙකු ගැන ද මේ කියන්නේ?

වරුණ නාරජ් :-

035. කෝරව්‍ය ධනංජය රජුගෙ විදුර නම් පණ්ඩිතයා
බාගදා තොප අසා ඇති, හැම දේ කරන ඇමතියා
ඒ පණ්ඩිතයන්වයි දැහැමින් මෙහි ගෙන ආ යුතු
එදාට ඉරන්දතී තොපගේ බිරින්දෑ වෙනවා

036. වරුණ නාරජ්ගෙ කීම අසා ප්‍රීතියෙන් කුල්මත් ව
පුර්ණක යක්සෙනෙවියා අසුනෙන් වහා නැගිට්ටා
එතැනදී ම සේවක යක්ෂයෙකුට අණ කළා
'සැරසූ ආජානේය අශ්වයෙකු රැගෙන එව මෙහි'

037. ඉර්ධියෙන් මවන ලද ඒ සෙන්ධව අශ්වයාගේ
ස්වර්ණමය කනුත්, රතුමැණික් කුරත් තියෙනවා
දඹරනින් කැටයම් කළ උරවැස්මකුත් තියෙනවා

ඉතින් ඒ සේවකයා සෙන්ධව අශ්වයා ගෙන ආවා.
පුර්ණකයා අසුපිට නැග අහසින් වෙශ්‍රවණ දෙවිමහරජු
වෙත ගියා. ගොහින් වරුණ නාගරාජ්‍යාගේ නාගභවන
ගැනත් වර්ණනා කොට, ඉරන්දතී ගැනත් කියා, විමලාදේවි
විදුර පණ්ඩිතයාගේ හදමස ඉල්ලීම ගැනත් විස්තර කළා.

038. අන්දම් තබා සැරසූ කෙස් රැවුලකින් සුන්දර
පුර්ණක යක්ෂයා දිව්‍යවාහවහ නම් අසුපිට නැගී
අහසින් ගමන් ගත්තා

039. කාමරතියෙන් උපන් ආවේගයෙන් ගිජු ව
පුර්ණකයා, ඉරන්දතී නාගකන්‍යාව
කරකාරෙට ගන්ට දැඩි ආසාවෙන්
යස පිරිවර ඇති, භුතපති කුවේර වෙසමුණි
දෙවිමහරජු වෙත ගොස් මෙය කීවා

040. රනින් කැටයම් කළ හෝගවතී නාගභවන
     රන් පවුරෙන් වට වූ නිසා හිරණ්‍යවතී කියනවා
     තනි රනින් නිමැවූ අලංකාර නගරයෙකි
     දරණ ගසනා නාගරජුගේ නගරය එය යි

041. ඔටුවන්ගෙ ගෙල සේ පෙරට නෙරී ආ
     රතුමැණික් වෙරෝඩියෙන් කළ
     උස් මුරගෙවල් එහි තියෙනවා
     මැණික්වලින් කළ මැදුරු රන් උළ වසා තියෙනවා

042. අඹ, මදටිය, දඹ, රුක්අත්තන, මිදෙල්ල, වැටකේ
     කොළොම්, ලෝලු ගස්, මී අඹ හා නික රුක් ඇතේ

043. සපුමල්, නාමල්, යොහොඹු කුසුම්, කොබෝලීල රුක්
     මල්ඵල බර වී, එකිනෙක පැටලී තව හැඩ කරනවා

044. ඉඳුනිල් මැණිකෙන් කළ ඉඳිගසුත් තියෙනවා
     නිතර පිපී ගිය රන්මලුත් තියෙනවා
     ඕපපාතිකව එහි උපන් මහඉර්ධිමත්
     වරුණ නාභවන හරිම ලස්සනට තියෙනවා

045. ඒ නාරජුට යොවුන් බිරිඳක් ඉන්නවා
     විමලාදේවී රන්ලියක සිරිසෝභා ඇත්තී
     මද සුළඟින් නැළවෙන කළුවැල් දල්ලක් වැන්නී
     කොහොඹ එල වැනි තිසර තුඩු ඇත්තී
     බැලූ බැලූ කොයි අතිනුත් හැඩකාරී

046. ලතුදිය පැහැගත් රතු අතුල් පතුල් ඇත්තී
     සුළං නැති තැන පිපී ගිය කිණිහිරි රුක වැන්නී
     දෙව්ලොව සරනා අප්සරාවියක් වැන්නී
     සන වලාකුළින් නික්මුණු විදුලිල්ලතාව වැන්නී

047. සොඳුරැ සිනා ඇති ඈ දොළදුකින් ඉන්නී
විදුර පඬිතුමාගේ හදමස ය ඕ පතන්නී
දෙව්රජුනි, මං ඈට එය ගෙනගොස් දෙනවා
එතකොට මට ඔවුන්ගේ ඉරන්දතී දුව දෙනවා

සිය මාමා වන වෙශ්‍රවණ දෙව්මහරජු අවසර
නොදුන්නෝතින් ඔහුට එහි යන්ට බැරි බව දන්නවා.
ඔහු ලවා තම අදහස අනුමත කරවා ගන්ටයි පූර්ණකයා
මේ ගාථාවන් කීවේ. නමුත් වෙසමුණි දෙව්මහරජ
ඔහුගේ කතාවට ඇහුම්කන් දුන්නේ නෑ. ඒ වෙලාවේ
දෙව්පුතුන් දෙදෙනෙකුගේ විමානයක අවුලක් විසදමිනුයි
සිටියේ. පූර්ණක තමන් කිවූ දෙය වෙසමුණි දෙව්රජ්ට
නොඇසුණු බව දැනගත්තා. ජිනක දේව්පුත්‍රයාගේ
සමීපයේ සිටගත්තා. වෙසමුණි දෙව්රජ අවුල විසදා එහි
වරදකාරයා පිටත් නොකොට අනිකාට "හ්ම්... දැන් තා
පලයං. ගොහින් තමුන්නේ විමානයේ වසාපං." යි කීවා.
එසේ දැන් තා පල කී සැණින් ම පූර්ණකත් 'ඕං... අපේ
මාමණ්ඩිය මාව පිටත් කළ බව දැනගනිව් එහෙනම්.'
කියා දෙව්පුතුන් කීපදෙනෙකු සාක්ෂියට තබා සෙන්ඨව
අසුත් ගෙන්වාගෙන අහසින් පිටත් වුණා.

048. ඉතින් ඒ පූර්ණකයා, භූතපති යසස්වී කුවේර
වෙසමුණි දෙව්මහරජ අමතා අවසර ගෙන
එහි සිට ම 'සැරසූ සෙන්ඨව අසු ගෙනෙව්' යි
සේවකයෙකුට අණ කළා

049. ඉර්ධියෙන් මවන ලද ඒ සෙන්ඨව අශ්වයාගේ
ස්වර්ණමය කනුත්, රතුමැණික් කුරත් තියෙනවා
දඹරනින් කැටයම් කළ උරවැස්මකුත් තියෙනවා

050. අන්දම් තබා සැරසූ කෙස් රැවුලකින් සුන්දර
පුර්ණක යක්ෂයා දිව්‍යවාහවහ නම් අසුපිට නැගී
අහසින් ගමන් ගත්තා

ඔහු අහසින් යන ගමන් මෙය සිතුවා. 'විධුර පණ්ඩිත
ඉන්නේ මහපිරිවරක් ඇතිව යි. කෙලින් ම එතනට
යන්ට බෑ. කෝරව්‍ය ධනංජය රාජා සූදුවට ඉතා ලොල්
නොවෑ. ඔහු සූදුවෙන් පරද්දා හිටං විධුරයාව අල්ලාගන්ට
ඕනෑ. රජාගේ ප්‍රාසාදයේ බොහෝ අනර්ස රන් රුවනුත්
තියෙනවා. ඉන් නිසා සුළතර ඔට්ටුවකට ලංසු තියා එයෑයි
සූදු කෙළින්ට එන එකක් නෑ. මහත් අනර්ස මාණික්‍ය
රත්නයක් සොයන්ට ඕනෑ. ම්... හරි... සක්විති රජවරු
පමණක් පරිභෝග කරන, අතිශය අනර්ස, මහනුභාව
ඇති චක්‍රවර්ති මාණික්‍යය රජගහ නුවර වෙපුල්‍ය
පර්වතාභ්‍යන්තරයේ තියෙනවා නොවෑ. අන්න ඒක ගන්ට
ඕනෑ. ඒක අරගෙන රජාව එයින් පොළඹවා හිටං උන්දෑ
පරද්දවන්ට ඕනෑ. ඔව්... එහෙම තමයි කරන්ට ඕනෑ.'

051. ඉතින් පුර්ණක යක්ෂයා සුරම්‍ය රජගහ නුවර ආවා
සතුරන්ට ලංවනු බෑරි එය, අංග රජුගේ නගරය යි
කන බොන දේත් එහි බොහෝ සරුවට තියෙනවා
සක්දෙවිඳුගේ මසක්කසාර පුරය හා සමානයි

052. මොනරු, කොස්වාලිහිණින්ගේ නාද රැව්දෙනවා
කුරුලු රෑන් රෑන් අවුත් නාද කරමින් ඉන්නවා
නොයෙකුත් විහඟුන් එහි මිදුල්හි ගැවසෙනවා
හිමවත් පව්ව සේ මලුත් විසිර තියෙනවා

053. ඒ පුර්ණකයා වේපුල්ල පර්වතයට නැංගා
විපුලගිරි මුදුනේ කිඳුරනුත් හැසිරෙනු දුටුවා

උතුම් සක්විති මැණික ඔහු එහි සොයන විට
පර්වතකුටය මැද සක්විති මිණිරුවන දැක්කා

054. සක්විති මැණික ප්‍රභාෂ්වරයි, අති අනර්සයි
ධන සම්පත් ළඟට ඇද දෙයි, උතුම් මිණිරුවන යි
පිරිවර මැණික් රැසකින් එය තවත් බබළයි
අහස්කුස දිලෙන විදුලියක් බඳු එය ඔහු දැක්කා

055. මහනුභාවය නිසා එයට 'මනෝහර' යැයි කියයි
ඒ චක්‍රවර්ති වෙරෝඩි මාණික්‍යය යි
අලාමක රූ ඇති පූර්ණකයා එය අතට ගත්තා
ආජානේය අසු පිටින් අහස් ගමනෙන් ගියා

රජගහ නුවර වෙපුල්‍ය පර්වතය ඇතුළේ මහා මාණික්‍ය රත්න රාශියකින් පිරිවරා ඇති ඒ චක්‍රවර්ති මාණික්‍ය රත්නය භාරව සිටින්නේ කුම්හීර නම් යක්ෂයෙක්. ඔහුටත් ලක්ෂයක කුම්භාණ්ඩ පිරිවරක් ඉන්නවා. නමුත් පූර්ණක යක්ෂයා සිය තියුණු රක්ත නේත්‍රයෙන් කුම්හීර යකු දෙස රවා බැලූ පමණින් ම ඔහු භීතියෙන් සැලී ගියා. වෙපුල්‍ය පර්වතය අත්හැර පලා ගියා. සක්වල පර්වත මුදුනට අවුත් කම්පා වෙමින් බලා උන්නා. පූර්ණකයා මාණික්‍ය රත්නය අතට ගත්තේ කුම්හීරයා පලවා හැරියාට පසුව යි.

056. මිණිරුවන ගත් පූර්ණකයා ඉදිපත් නුවර ආවා
අසු පිටින් බැස කුරු රජාගේ සභාගැබටත් ආවා
එහි රැස්ව හුන්නා දඹදිව එක්සියයක් රජවරු
කිසි බියක් නැති යකා ඔවුන් සුදුවට කැඳෙව්වා

057. මා අත තියෙනවා මේ මහා වටිනා මැණික
මෙහි සිටින රජුන්ගෙන් කවුද එය දිනා ගන්නේ?

අපෙන් කවුරුද සුදු සෙල්ලම දිනා ගන්නේ?
කොයි රජු ද මේ උතුම් මැණික දිනා ගන්නේ?
කවුද උතුම් ධනයෙන් අපව දිනවන්නේ?

මේ ගාථාව පූර්ණකයා කීවේ කෝරව්ය ධනංජය රජු සුදුවට පටලවා ගන්ට යි. එතැන හුන් ධනංජය රජ මෙය සිතුවා. 'ම්... කවුද මොහු? මෙතෙක් කාලෙකට මෙතරම් නිර්භීත ව, ශූර විදිහට කතා කරන කවුරුවත් මං දැක නෑ. එතකොට මොහු කවුද?' යි සිතා එය අසමින් මේ ගාථාව කීවා.

058. තොප කොයි රටේ, කොතැන උපන්නෙක් ද?
    තගේ කතාබහ කුරු රට වැසියෙකු බඳු නොවේ
    සිරුරු පැහැයෙනුත් තොප, අප සියලු දෙන පරදා
    හැමට ඉහලින් බබළයි, කවුද තොප? නෑයෝ කවුද?

එය අසා පූර්ණක යක්ෂයා මෙය සිතුවා. 'ඕහ්... රජ්ජුරුවෝ මයෙ නම අසනවා නොවැ. මිනිස්සු දාසයන්ට නොවැ පූර්ණක කියන්නේ. ඉදින් මයෙ නම පූර්ණක ය කියා කීවොත්, ඉන් නිසා තමයි මේකා මෙතරම් වාචාල විදිහට කතා කරන්නේ කියා මට අවමන් කරන්ටත් බැරි නෑ. මයෙ පෙර අතීත ආත්මයක නමක් කියන්ට ඕනෑ.' යි සිතා මෙය කීවා.

059. රජුනි, මං කච්චායන නමැති තරුණයෙකි
    අඬුනැති කෙනා යන අරුතින් මට අනුන කියනවා
    අංග රට කාලචම්පා නුවර මයෙ නෑයෝ ඉන්නවා
    සුදු කෙළින අදහසින් ම යි මෙහෙට මං ආවේ

එතකොට රජතුමා මෙය කීවා. "එතකොට

මාණවකය... බාගදා තොප සුදු කෙළියෙන් පැරදුණොත්
මට මොනවැයි දෙන්නේ? තොප ලඟ මුකුත් තියේද?”

060. මාණවකය, තොප ලඟ විශේෂ මුකුත් තියේ ද?
දාදු කෙළියට එන අය තොප පැරදුවෝතින්
ඔවුනට ලැබෙන්නේ මොන වාගෙ දේවල් ද?
රජුට නම් ඕනෑතරම් මිණිරුවන් මෙහි තියෙනවා
දිළිඳු තා කොහොමද දාදුකෙළියට රජුන් කැදවන්නේ?

පූර්ණක යක්ෂයා :-

061. රජුනි, බලන්ටකො මේ මනෝහර මැණික දෙස
ධන සම්පත් ළඟට ඇද දෙන උදාර මැණිකකි මෙය
මේ ආජානෙය අසුත්, සතුරන් මඩින මැණිකකි
ඕනෑම සුදුකරුවෙකුට මා පරදවා මේවා ගත හැක

ධනංජය රජ :-

062. අයියෝ තරුණය, මේ එක මැණික මක් කරන්ට ද?
එක් ආජානේය අශ්වයෙක් මක් කරන්ට ද?
රජුට නම් ඕනෑතරම් මිණිරුවන් මෙහි තියෙනවා
සුළං වේගයෙන් යන අසුන් කොතෙකුත් ඉන්නවා

* * * * *

පූර්ණක යක්ෂයා ධනංජය රජුගේ කතාවට මෙය
කීවා. “මහරජ, මගේ මේ ආජානෙය අශ්වයා ගැන මොනාද
දන්නේ? මේ එක අශ්වයා අශ්වයන් දහස් ගණනක
ඔට්ටුවට තියන්ට ඇහැකි. මේ මැණිකත් එහෙමයි. අනිත්
මැණික් දහස් ගණනක ඔට්ටුවකට තියන්ට ඇහැකි. සියලු
ම අශ්වයෝ එක සමානෙට ගන්ට බෑ.

ඕං... එහෙනම් බලන්ට දේවයෙනි, මේකාගේ ජවය කොහොමෙයි කියා." යි සැණකින් අසුපිටට නැංගා. ප්‍රාකාරය උඩින් පැන්නුවා. අශ්වයා කොතරම් වේගයෙන් රවුම් ගියා ද යත්, පිටට පෙනුණේ අශ්වයින්ගේ ගෙලින් ගෙල වදිමින් සත්‍යොදුන් නගරය වටකොට ඇති ආකාරයකුයි. මෙසේ අනුක්‍රමයෙන් වේගය වැඩි කරද්දී අශ්වයා නොපෙනී ගියා. යක්ෂයාත් නොපෙනී ගියා. පූර්ණක යක්ෂයාගේ උරය වටා බැඳ තිබූ රතු පටිය පමණක් එක් රවුමකට වටකොට පෙනුණා. ඉන් පසු වේගය අඩුකොට අශ්වයා නවතා අසුපිටින් බැස්සා.

"මහරජ, මයෙ අශ්වයාගේ වේගය දැක්කා නේද?"
"හ්ම්... ඔව්... දැක්කා දැක්කා."

"ඕං එහෙනම් මහරජ, දැන් බලන්ට." කියා අශ්වයා ඇතුළ නුවර උයනේ පිහිටි පැන් පොකුණ මතුපිටින් යැව්වා. කුර අග පමණවත් තෙමා නොගෙන අශ්වයා පැන්නා. ඒ විදිහට ම නෙළුම් කොළ මතිනුත් අශ්වයා යැව්වා. අන්තිමේදී අත්පොඩි ගසා අල්ල දිගහැරියා. එතකොට අශ්වයා අවුත් අල්ල මත පිහිටියා.

"මහරජ, ඉතින් මෙවැනි අශ්ව රත්නයක් තොපට වටින්නේ නැද්ද?"

"මාණවකය, මොකද නැත්තේ? මේ අශ්වයා නම් බොහොම වටිනා බව පෙනේ."

"හරි මහරජ, අශ්ව රත්නය එසේ සිටිවා! මාණික්‍ය රත්නයේ ආනුභාවයත් බලන්ටකෝ එහෙනම්." යි චක්‍රවර්ති මාණික්‍ය රත්නයේ ආනුභාවය පෙන්වමින් මෙය කීවා.

063. නිරිඳාණෙනි, මේ බලන්ට මයෙ වටිනා මැණික
අලංකාරයෙන් සැරසුණු නොයෙක් ළදුන් පේනවා
අබරණින් සැරසීගත් හැඩ පුරුෂයනුත් පේනවා

064. මේ බලන්ට සැරිසරනා මුවරංචුත් පේනවා
එක එක හැඩයෙන් සිටිනා කුරුලු රංචු පේනවා
අර බලන්ට නාග රජුන්, ගුරුළු රජුන් පේනවා
මැණික ඇතුළෙ හරි අගේට ඒව මැවී පේනවා

065. මේ බලන්ට ඇත් සේනා, අස් සේනා පේනවා
ධජ ඔසොවාගෙන ඉන්නා පාබල සෙන් පේනවා
සිව්රඟ සේනාව ම මෙහි හරි අගේට පේනවා
මැණික ඇතුළෙ හරි අගේට ඒව මැවී පේනවා

066. ඇතුන් උඩ නැඟි අය, අසුන් උඩ නැඟි අය
රියෙ නැඟගත් අය, පයින් යන බලසෙන්
කාණ්ඩ වශයෙන් සැදී යන යුද සෙන් ද පේනවා
මැණික ඇතුළෙ හරි අගේට ඒව මැවී පේනවා

067. පවුරින් වටකළ උස් ප්‍රාකාර ඇති නුවර දොරවල්
නොයෙක් ගොඩනැගිලි මෙහි යසට පේනවා
සිව් මංසල ඇති මනහර බිම් ද පේනවා
මැණික ඇතුළෙ හරි අගේට ඒව මැවී පේනවා

068. ඉන්ද්‍රකීලය පේනවා, නුවර වටා දියඅගලත් පේනවා
නුවර ඇති අනිත් දොරකවුළුත් පේනවා
ඉතා උස් ව නැඟි ගෝපුරත් යසට පේනවා
මැණික ඇතුළෙ හරි අගේට ඒව මැවී පේනවා

069. මේ බලන්ට වාහල්කඩ මුදුන්වල ළඟ ඉන්නා
නොයෙක් කුරුල්ලෝ, හංසයෝ, මොනරු

සක්වාලිහිණියෝ, ඇටිකුකුලෝ ලස්සනට ඉන්නවා

070. කළු කෝකිළයෝ, විසිතුරු තටු ඇති කුරුල්ලෝ
ජීවංජීවක කුරුල්ලෝ, නොයෙක් ජාති කුරුල්ලෝ
මැණික ඇතුලෙ හරි අශේට ඒව මැවී පේනවා

071. මේ බලන්ට රනින් කළ පවුරෙන් වට ව ඇති නුවර
හරි අද්භූතයි දකිනවිට ලොමු දැහැගන්නවා
රම්‍ය ධ්වජ උඩට නංවා, රන්වැලි බිම අතුරා තියෙනවා
මැණික ඇතුලෙ හරි අශේට ඒව මැවී පේනවා

072. මේ බලන්ට යසට බෙදා ගොඩනැංවූ අවන්හල්
නිවාස, ගෙමිදුල්, හන්දි, මාවත්, මල්වතු
මැණික ඇතුලෙ හරි අශේට ඒව මැවී පේනවා

073. මේ බලන්ට සුරාසැල්හි වාඩි වී ඉන්නා අයුරු
හොදින් සැරසී ආ සුරාසොඩුන්, මුල්තැන්ගෙවල්
වෙසඟනුන්, ගණිකාවන්, සලෙලුනුත් ඉන්නවා
මැණික ඇතුලෙ හරි අශේට ඒව මැවී පේනවා

074. මාලාකාරයෝ, රෙදි සෝදන්නෝ, රෙදි වෙළෙන්දෝ
සුවඳ වෙළෙන්දෝ, රන්කරුවෝ, මැණික්කරුවෝ
මැණික ඇතුලෙ හරි අශේට ඒව මැවී පේනවා

075. බත් පිසින්නෝ, අරක්කැමියෝ, නළනිළි ගායකයෝ
අත්පොඩි ගසන්නෝ, නොයෙක් බෙර වයන්නෝ
මැණික ඇතුලෙ හරි අශේට ඒව මැවී පේනවා

076. කස්තලි තාලම, වීණා, නැටුම් ගැයුම් වැයුම්
තුරුගොස නංවා රඟදෙමින් රඟදෙන්නෝ
මැණික ඇතුලෙ හරි අශේට ඒව මැවී පේනවා

077. මේ බලන්ට මහබෙර, මිහිඟු බෙර, සක් නද
ගැටබෙර, පණාබෙර, සියලු තුර්ය භාණ්ඩ
මැණික ඇතුලෙ හරි අගේට ඒව මැවී පේනවා

078. කරණම්කාරයෝ, මල්ලවපොරයෝ, මැජික්කාරයෝ
නුවර හැඩකරනා නොයෙක් ළදුන් හා පුරුෂයෝ
සොහොන්පල්ලෝ, කරණවැමියොත් පේනවා
මැණික ඇතුලෙ හරි අගේට ඒව මැවී පේනවා

079. මේ බලන්ට රඟමඬල, මැසි පිට මැසි තබා
එහි නැගගත් ගැනු පිරිමි පිරී ඉන්නා හැටි
රංගභූමිය ඒ මැද හරි අපූරුවට පේනවා
මැණික ඇතුලෙ හරි අගේට ඒව මැවී පේනවා

080. මේ බලන්ට රඟමඬලේ මල්ලව පොරබදිනවා
මිනිසුන් අත්පොළසන් දී උරුවන් බානවා
දිනූ අය, පැරදුණු අය මෙහි යසට පේනවා
මැණික ඇතුලෙ හරි අගේට ඒව මැවී පේනවා

081. මේ බලන්ට පර්වත පාමුල නා නා සතුන් ඉන්නවා
සිංහ, ව්‍යාඝ්‍රයෝ, උඞරෝ, වලස්සු, කළුහිස් වලස්සු
මැණික ඇතුලෙ හරි අගේට ඒව මැවී පේනවා

082. කඟවේන්නු, ගවරු, මීගවයෝ, රෝහිත මුවෝ
රෑරුමුවෝ, ඒණිමුවෝ, ගෝන්නු, කඩලිමුවෝ
මැණික ඇතුලෙ හරි අගේට ඒව මැවී පේනවා

083. එක එක ජාතියෙ නොයෙක් සත්තු මෙහි ඉන්නවා
බළල්ලු, සාවෝ, මීමින්නෝ, තව සතුන් ඉන්නවා
ඒ එක එක ජාති සතුන් රංචු ගැහිලා ඉන්නවා
මැණික ඇතුලෙ හරි අගේට ඒව මැවී පේනවා

084. මේ බලන්ට ලස්සන තොට ඇති ගංගා ගලනවා
දිය යට රන්වැලි පෙනෙනා නිල් දිය ගලනවා
ලස්සන මාළු රංචු පේළි සෑදී පිහිනා යනවා

085. කිඹුල්ලු, මෝරු, සුංසුමාරයෝ, කැස්බෑවෝ,
පෙතියෝ, ලුලෝ, වළයමාළු, මුංජමාළු,
රෝහිතමාළු රංචු ගැසී යසට පිනා යනවා
මැණික ඇතුලේ හරි අගේට ඒව මැවී පේනවා

086. මේ බලන්ට ගස්වැල් රුක්ගොමු ලස්සනට පේනවා
එක එක ජාති කුරුල්ලොත් එහි ඉන්නවා
වෙරෝඩි මැණික් මතින් නිල් දිය ගංගා ගලනවා
මැණික ඇතුලේ හරි අගේට ඒව මැවී පේනවා

087. මේ බලන්ට ලස්සනට බෙදු සිව් දිසාවේ පොකුණු
නොයෙක් කුරුල්ලෝ පේනවා, මාළුත් පිනනවා

088. පොළොව හාත්පස වටකොට තියෙනා දියකඳ
මහසයුර කුණ්ඩලාභරණයක් වගේ පේනවා
තැනිත් තැන මහවනයත් පේනවා
මැණික ඇතුලේ හරි අගේට ඒව මැවී පේනවා

089. මේ බලන්ට පෙරදිග පූර්වවිදේහ රට පේනවා
බටහිරින් අපරගෝයානයත්, උතුරුකුරු දිවයිනත්
මේ දඹදිවත් හරි යසට මෙහි පේනවා
මැණික ඇතුලේ හරි අගේට ඒව මැවී පේනවා

090. මේ බලන්ට සිව් දිසා එළිය කොට
සිනේරු පර්වතයට උඩින් හිරු සඳුත් පේනවා
මැණික ඇතුලේ හරි අගේට ඒව මැවී පේනවා

091. ආරාම, වනගොමු, ගල්තලා, කඳු මුදුන්
කිඳුරන් ගැවසෙන තව ලස්සන තැන් පේනවා
මැණික ඇතුලෙ හරි අගේට ඒව මැවී පේනවා

092. මසං ගස් වන, චිතුලතා වන, මිස්සක වනයත්
නන්දන වනයත්, වෙජයන්ත ප්‍රාසාදයත් පේනවා
මැණික ඇතුලෙ හරි අගේට ඒව මැවී පේනවා

093. තව්තිසා දෙව්ලොව සුධර්ම සභාවත් පේනවා
මල් පිපුණු පරසතු රුකත්, ඒරාවණ ඇතාත් පේනවා
මැණික ඇතුලෙ හරි අගේට ඒව මැවී පේනවා

094. මේ බලන්ට අහසේ පැතිරෙන විදුලි එළිය වැනි
දිව්‍ය කන*‍යාවෝ නන්දන වනයේ යසට ඇවිදිනවා
මැණික ඇතුලෙ හරි අගේට ඒව මැවී පේනවා

095. මේ බලන්ට ඒ දිව්‍ය කනයාවෝ, දිව්‍ය පුතුයන්
කාමයට පොළඹවමින් නොයෙක් රංගන කරනවා
දිව්‍යපුතුයෝත් නන්දන වනයේ සැරිසරා යනවා
මැණික ඇතුලෙ හරි අගේට ඒව මැවී පේනවා

096. දහසකට අධික දිව්‍ය ප්‍රාසාද, විදුරුමිණි පුවරු
ලස්සනට අතුරා ආලෝකයෙන් දිලෙනවා
මැණික ඇතුලෙ හරි අගේට ඒව මැවී පේනවා

097. තව්තිසාව, යාමය, තුසිතය, නිම්මාණරතී
පරනිම්මිත වසවත්ති දෙව්ලෝ යසට පේනවා
මැණික ඇතුලෙ හරි අගේට ඒව මැවී පේනවා

098. මේ බලන්ට ලස්සන පැන් පොකුණු, පිරිසිදු දිය
සුදු නෙළුම්, රතු නෙළුම්, මහනෙල් පිපී තියෙනවා
මැණික ඇතුලෙ හරි අගේට ඒව මැවී පේනවා

099. මේ මැණිකේ සුදු රේඛා, නිල් රේඛා දහය බැගිනුත්
දුඹුරු පැහැ රේඛා විසි එකකුත් තියෙනවා
කහ පැහැ රේඛා දාහතරකුත් තියෙනවා

100. රන් රේඛා විස්සකුත්, රිදී රේඛා විස්සකුත්
ඉඳුගොව්වන් පැහැ රේබා තිහකුත් තියෙනවා

101. කළු රේඛා දහසයකුත්, මඳට පැහැ රේඛා විසිපහක්
බඳුවද මල් පැහැ, නිලුපුල් පැහැ මුසු වී පේනවා
මැණික ඇතුලෙ හරි අගේට ඒව මැවී පේනවා

102. නරදේවයෙනි, මේ සියලු අංගයෙන් යුතු වූ
ගින්න සේ පුභාෂ්වර ව දිලෙන මැණික බලන්ට
යමෙක් මේ දුකෙළියේදී මා පරදවා දැම්මොත්
ඔහුට නොවැ මේ මැණික අයිති වන්නේ

* * * * *

ඉන් පසු පුර්ණක යක්ෂයා ධනංජය රජු ඇමතුවා. "මහරජතුමනි, දුකෙළියේදී බාගදා මං පැරදුණොත් මේ මාණික්‍ය රත්නය නුඹවහන්සේට දෙනවා. නුඹවහන්සේ පැරදුණොත් මට මොනාද දෙන්නේ?"

"දරුව, මයෙ සිරුරත්, සුදු සේසතත් හැර මා සන්තක අනිත් සියලු දේ ම මං ඔට්ටුවට තියනවා."

"හරි දේවයෙනි, එහෙනම් වැඩි කල් ගන්ට එපා! මං ආවේ බොහෝ දුර සිට නොවැ. දාදු කෙළියට මණ්ඩපය සරසනු මැනව."

එතකොට රජතුමා ඇමතියන්ට අණ කලා. ඉතින් ඔවුනුත් ඉක්මනින් දාදු කෙළිමඩුව සැරසුවා. රජු

වෙනුවෙන් වටිනා වස්ත්‍රයක් අතුරා අසුන පිළියෙල කළා. අනිත් රජවරුන්ටත් අසුන් පැනෙව්වා. දාදු කෙළියට ආ ආගන්තුක තරුණයාටත් ගැලපෙන සේ අසුනක් පිළියෙල කළා. රජතුමාට එය සූදානම් බව දැනුම් දුන්නා. එතකොට පූර්ණක යක්ෂයා රජුට ගාථාවෙන් කීවා.

103. මහරජුනි, දූකෙළි මඩුව සරසා අවසන් ය
තොපට මෙබඳු මිණිරුවනකුත් නැත්තේ ම ය
බලෙන් නොව අපි ධර්මයෙන් දිනා ගමු
ඔට්ටුවට තැබූ දෙය දිනූ කෙනාට වහා දිය යුතු

එතකොට රජතුමා මෙය කීවා. "හරි... හරි... මාණවකය, මං රජු ය කියා ඔහේ හය ගන්ට කාරි නෑ. බලාත්කාරයෙන් නොවේ, ධර්මයෙන් ම යි ජය පරාජය වෙන්නේ."

"එසේය මහරජ, අපගේ ජය හෝ පරාජය ධර්මයෙන් ම දැනගත මැනව." යි පූර්ණක යක්ෂයා සාක්ෂි වශයෙන් රජවරුන් නම් කරමින් මෙය කීවා.

104. ඉතා ප්‍රසිද්ධ පංචාල රජත්, සුරසේන රජත්
මච්ඡ රටේ රජත්, මද්ද රටේ රජත්
කේකය රටේ රජත්, අපගේ මේ දාදු සටන
කපටි නැති සිතින් හොඳින් නරඹත්වා!
සභාවේ කවුරුත් සාක්ෂි නොකොට ඉන්නෙ නෑ

මෙසේ කියා "ක්ෂත්‍රියවරුනුත් බ්‍රාහ්මණවරුනුත් සාක්ෂියට ඉන්නවා නොවැ. ඉදින් අපි දෙන්නාගෙන් කෙනෙකු අතින් වැරැද්දක් වුණොත් නොඇසුණා, නොදැක්කා වගේ ඉන්ට ලැබෙන්නේ නෑ. එනිසා අප්‍රමාදී

වනු මැනව.” යි කියා පූර්ණක යක්සෙනෙවි රජවරුන්
සාක්ෂිකරුවන් වශයෙන් තැබුවා.

රජතුමාත් එක්සියයක් රජවරුන් පිරිවරාගෙන
පූර්ණකත් සමගින් දාදුකෙළිමඩලට ඇතුළ වුණා.
සියල්ලෝ ම තමන්ට නිසි අසුන්වල හිඳගත්තා. රිදී
පලකයේ රන් දාදු කැට තැබුවා. පූර්ණකට හදිස්සියි.
“මහරජ, දාදුකැට අතර වාසනාව ගෙනෙන මාලික,
සාවට, බහුල, ශාන්ති, හඳ ආදී වශයෙන් කැට විසිහතරක්
තියෙනවා. තමුන්නාන්සේ ඒවායෙන් කැමති කැටයක්
ගනු මැනව.”

“ඒක හරි...” කියා රජතුමා ‘බහුල’ නමැති දාදුකැටය
ගත්තා. පූර්ණක ‘සාවට’ නමැති දාදුකැටය ගත්තා. රජතුමා
මෙය කීවා. “එහෙනම් මාණවකය, දාදුකැටය දමන්ට.”

“නෑ රජතුමනි, ඉස්සෙල්ලා වාරය මට එන්නේ නෑ.
ඉන් නිසා තමුන්නාන්සේ ම දමන්ට.” රජතුමා එයට
කැමති වුණා.

රජතුමාගේ ආත්මභාව තුනකට කලින් මව වී සිටි
තැනැත්තියක් දැන් රජුගේ ඉෂ්ට දේවතාවී වශයෙන්
ඉන්නවා. ඇයගේ ආනුභාවයෙනුයි රජු හැමදෑම
දාදුකෙළියෙන් දිනන්නේ. ඒ ඉෂ්ට දේවතාවියත් රජුට
නුදුරින් සිටගෙන උන්නා.

රජතුමා ඉෂ්ට දේවතා සිහිකොට, දාදු ගීයත් ගායනා
කොට දාදුකැට අතට ගෙන සොළවා උඩට විසි කළා.
පූර්ණක යක්ෂයාගේ ආනුභාවයෙන් රජු පරාජය කරමිනුයි
දාදුකැට බිමට වැටෙන්නේ. දාදු ක්‍රීඩාවෙහි හසල දැනුමක්
ඇති රජතුමා තමාගේ පරාජය පිණිස දාදුකැට වැටෙන

බව දැනගත්තා. හනික උඩදී ම ආයෙමත් දෑත් එකතු කොට අල්ලාගත්තා. ආයෙමත් අතින් සොලවා උඩට විසි කළා. දෙවෙනි වතාවෙත් දාදුකැට පහළට වැටෙන්නේ තමාට පරාජය ගෙනෙමින් බව රජු දැනගත්තා. ආයෙමත් වැටෙන්ට නොදී උඩදී ම ඒවා එකතු කොට අල්ලා ගත්තා.

එතකොට පූර්ණක යක්ෂයා කල්පනාවට වැටුණා. 'ම... ම... මේ රජ්ජුරුවෝ මා වැනි යක්ෂයෙකු සමග දාදු කෙළිද්දී වැටෙමින් තිබෙන දාදුකැට වැටෙන්ට නොදී උඩදී ම එක්කොට අල්ලාගන්නවා. මේක කොහොමෙයි වෙන්නේ?' එසැණින් ඔහු ඉෂ්ට දේවතාවිය දැක්කා. 'හෝ... මෙයැයි නිසයි රජා මේක දැනගත්තේ.' යි යක්ෂයා ඇස් හොදින් දල්වා කෝපයට පත්වුවෙකු සේ ඇය දෙස රවා බැලුවා පමණයි, හීතියට පත් ඈ පලා ගියා. සක්වල මුදුනට ගොහින් වෙව්ලමින් බලා සිටියා.

රජතුමා තුන්වෙනි වතාවට දාදුකැට උඩට විසි කළා. තමාව පරාජයට පත්කරවමින් ඒවා වැටෙන බව දැන දැනත් පූර්ණක යක්ෂයාගේ ආනුභාවයෙන් ඒ වතාවේ අත් දිගහැරගන්ට බැරිව ගියා. දාදුකැට රජතුමාව පරාජය කරවමින් පුවරුවට වැටුණා.

එතකොට පූර්ණක යක්ෂයාට වාරය ආවා. තමන්ගේ දාදුකැට අතට ගෙන සොලවා උඩට විසි කළා. ඒවා තමාව දිනවමින් රිදී පුවරුව මත වැටුණා. රජු පැරදුණ බව දැනගත් පූර්ණක යක්ෂයා හයියෙන් අත්පොළසන් දුන්නා. මහත් බිහිසුණු හඩින් "හහ්... හහ්... හා... මං දින්නා. මං දින්නා." කියා තුන් වරක් නද දුන්නා. ඒ ශබ්දය මුළු දඹදිව රැව් දී පැතිර ගියා.

105. කුරු රටේ ධනංජය රජුත්, පූර්ණක යක්ෂයාත්
දාදු කෙළියෙන් මත් ව මණ්ඩපයට ගොඩ වුණා
රජ දිනුම සොයමින් පරදින කැටය අරගත්තා
පූර්ණක යක්ෂයා තමා දිනවන කැටය ගත්තා

106. දෙදෙනා ම මණ්ඩපයේ දාදු කෙළියේ යෙදුණා
රජවරුත් ළඟ සිටියදී, යහළුවන් බලා සිටියදී
නරවීර ශ්‍රේෂ්ඨ රජු යක්ෂයා වෙතින් පැරදුණා
රජු පැරදුණ බව දැන 'මං දිනුම ගත්තා' යන නාදය
ඉතා උස් හඬින් නැඟුවා

පරාජිත රජතුමා ඉතා දුකට පත්වුණා. එතකොට
ඔහු උදෙයෝගිමත් කරවමින් පූර්ණක යක්ෂයා මේ ගාථාව
කීවා.

107. මහරජුනි, ලොවේ ජය හෝ පරාජය
උත්සාහ කරන අයගෙන් කාට හෝ අයිති වේ
නිරිඳුනි, තොප උතුම් ධනයෙන් පිරිහී ගියා
දිනුම ගත් මට හනික ලැබිය යුතු දෙය දෙව

එතකොට රජතුමා ඔහුට මේ මේ දේ ගෙන යව
කියා කීවා.

108. එම්බා කච්චායන, ඇත්තු, ගවයෝ, අශ්වයෝ
මිණිකොඩොල් අබරණ, තව රත්නයන් ඈද්ද මෙහි
මා සතුව මේ පොළෝ තලයේ ඇති
උතුම් ධනය ගෙන තොප කැමති තැනකින් යව

පූර්ණක යක්ෂයා :-

109. ඇත්තු, අශ්වයෝ, ගවයෝ, මිණිකොඩොල්
යම් රත්නයන් ඈද්ද පොළොවේ තොප සතු

ඒ හැම ධනය අතුරින්, කළයුතු දේ කරදෙන
විදුර නම් උතුම් රත්නයක් තිබේ තොපහට
මා විසින් එය දිනා ගත්තා, ඒ රුවන මට දැන් දෙව

ධනංජය රජ :-

110. අයියෝ! මං කොහොමද එය කරන්නේ?
ඔහු ය මාගේ ආත්මය, එක ම පිහිට, පැවැත්ම
සරණ, රැකවරණ, ආරක්ෂා ස්ථානය
වෙනත් කිසි රුවනකට සම කළ නොහැක ඔහු
විදුර මගේ ප්‍රාණය යි, ඔහු ය කළයුතු දේ කරන්නේ

පූර්ණක යක්ෂයා :-

111. මගේත් තොපගේත් මේ විවාදය නම්
තව බොහෝ කලක් පවතින හැඩයි
විදුර වෙත ම ගොස් අසමු මෙය ඔහුගෙන්
ඔහු ම මෙය අපට පහදා දෙත්වා!
ඔහු යමක් කියයි ද, එය අප දෙදෙනාට සෑහේ

ධනංජය රජ :-

112. ඒකාන්තයෙන් මාණවකය, සත්‍යය ම කියයි තොප
බලාත්කාරයෙන් කිසිවක් නොකරයි
විදුරයන් කරා ගොස් අපි අසමු මෙකරුණ
ඔහු කියන දෙයකින් දෙදෙනා ම සතුටු වෙමු

මෙසේ කියූ ධනංජය රජ එක්සියයක් රජවරුනුත්,
පූර්ණකත් ගෙන තුටු සිතින් යුතුව ඉක්මනින් ධර්මසභාවට
ගියා. විදුර පඬිතුමා අසුනින් බැස රජතුමාට වැඳ
එකත්පස්ව සිටගත්තා.

එතකොට කච්චායන මාණවකයාගේ වෙසින් සිටි පූර්ණක යක්ෂයා විදුර පණ්ඩිත ඇමතුවා. "එම්බා පණ්ඩිතයෙනි, තොප 'ධර්මයෙහි පිහිටි අයෙක. ජීවිතය නිසාවත් බොරු නොකියන කෙනෙක.' යි කීර්ති සෝෂාවක් මුළු ලොව පුරා පැතිර ගොස් තියෙනවා. අද මං එහෙනම් දැනගන්නම් තොප ධර්මයෙහි පිහිටියෙක් ද යන වග." යි මේ ගාථාව කීවා.

113. දෙවියෝ පවා කතා වෙනවා, මේ කුරු රටේ
ධර්මයෙහි පිහිටි විදුර නම් ඇමතියෙක් ඇත කියා
තොප දැන් මෙයට පිළිතුරු දෙව
රජුගේ දාසයෙක් ද තොප? නැතිනම් නෑයෙක් ද?
විදුර යන කෙනා කවරෙක් ද මේ ලොව?

එතකොට බෝධිසත්වයෝ මෙය සිතුවා. 'මොහු මගෙන් මෙකරුණ අසනවා. මං රජ්ජුරුවන්නේ ඤාතියෙකි, එයටත් වඩා උසස් කෙනෙකි, රජුගේ කවුරුවත් නොවන කෙනෙකි ආදී වශයෙන් කියන්ට පුළුවනි. නමුත් මේ ලෝකයේ සත්‍යය හා සමාන පිහිටක් නම් නෑ. සත්‍යය ම යි මේ මොහොතේ කියන්ට වටින්නේ.' යි සිතා "මාණවකය, එහෙනම් මං සත්‍යය කියන්නම්. මං රජ්ජුරුවන්නේ නෑයෙක් නොවේ. වෙනත් උත්තරීතරයෙකුත් නොවේ. සිව් වැදෑරුම් දාසයින් අතරින් එක් දාසයෙක්." යි කියා මේ ගාථාවන් කීවා.

114. දාසිය කුස උපන් උපතින් ම දාසයෝ සිටිත්
තවත් අය මිලට ගන්නා ලද දාසයෝ වෙත්
සිය කැමැත්තෙන් දාස වූ අයත් ලොව සිටිත්
බියට පත් වූ විටත් ඇතැම් අය දාසයෝ වෙත්

115. මෙසේ මිනිසුන් අතර සිටින දාසයෝ සිව්දෙනෙකි
රජු යටතේ සිටින, රජුගෙන් ම යැපෙන
බැමිණියක කුස උපන් මා උපතින් ම දාසයෙකි
රජුට දියුණුව හෝ පිරිහීම වේවා, මට නම්
මෙතැනදී බොරුවක් කියන්ට බෑ ම යි
වෙන රටකට ගියත් මං රජුගෙ දාසයෙකි
මාණවකය, රජ දැහැමි ලෙස තොපට මා දෙනු ඇත

එතකොට සතුටින් ඉපිල ගිය පූර්ණක යක්ෂයා
අත්පොඩි ගසමින් කෑගසා මෙය කීවා.

116. හහ් හා... මේ මගේ දෙවෙනි දිනුමයි
මා ඇසූ පැනයට විදුර නිසි පිළිතුරු දුන්නා
ඒකාන්තයෙන් රජතුමා අධර්ම ගති ඇතියෙකි
හරි දේ කියූ විදුරයා ඇයි ද මට නොදෙන්නේ?

එතකොට රජතුමා 'අයියෝ... පණ්ඩිතයෝ මේ
වෙලාවේ මා වැනි සියලු යස ඉසුරු දුන් කෙනා දෙස
බැලුවේ නෑ නොවැ. මේ දැන් දුටු මාණවකයා දෙස
නොවැ බැලුවේ.' යි සිතා බෝසතුන් කෙරෙහි කිපුණා.
"ඉදින් මෙයැයි මයෙ දාසයෙක් නම්, මාණවකය, අරන්
පලයං." යි මේ ගාථාව කීවා.

117. ඉදින් මොහු අපගේ ප්‍රශ්නය විසඳුවේ මෙසේ නම්
මං රජුගෙ දාසයෙක, නෑයෙක් නොවේ කීවා නොවැ
එම්බා කඩ්වාන, ධනය අතර උතුම් මොහු ගනිං
රැගෙන කැමති දිසාවකින් යන්ට පලයං

* * * * *

මෙසේ කීවත් රජතුමා සිතන්ට පටන් ගත්තා. 'අයියෝ... දැන් මේ මාණවකයා පණ්ඩිතයන්ව අරගෙන තමුන් කැමති තැනක යාවි. එයැයි ගියාට පස්සේ මට මධුර ධර්මකථාවන් ඇසීම නම් දුර්ලභ දෙයක් වේවි. මං එහෙනම් මොහු මේ ධර්මාසනයේ ම තබා ගිහිවාසය ගැන ප්‍රශ්නයක් අසන්ට ඕනෑ.' යි සිතා මෙය කීවා.

"අනේ පණ්ඩිතය, තොප දැන් ගියාට පස්සේ මධුර ධර්මකථාවන් ඇසීම මට නම් දුර්ලභ දෙයක් වේවි. තමාගේ තැන වන, මේ අලංකාර ධර්මාසනයේ හිඳ, මං අසන ගිහිවාසය ගැන ප්‍රශ්නය විසඳව." එතකොට විධුර පණ්ඩිතයා හොඳයි කියා පිළිතුරු දුන්නා. අලංකාර ධර්මාසනයේ හිඳ රජුගේ ප්‍රශ්නය අසා විසඳුවා. රජුගේ ප්‍රශ්නය මෙය යි.

118. විධුර පණ්ඩිතය, මෙයයි මගේ පැනය
     සිය ගෙයි වසන ගිහියාට ඇති ආරක්ෂාව කුමක්ද?
     ඔහු කෙසේද අනුන්ට සලකන කෙනෙක් වන්නේ?

119. ඔහු ගෙදර කෙසේද නිදුකින් වසන්නේ?
     ඔහු සත්‍යවාදී කෙනෙක් වන්නේ කෙසේද?
     මෙලොවින් චුත ව වෙනත් ලොවකට ගියවිට
     කෙසේද ඔහු එහිදී සෝක නොකර ඉන්නේ?

120. හැමදේට නුවණ මෙහෙයවන, වීර්යවත් ප්‍රඥා ඇති
     පැතිරුණු ප්‍රඥා ඇති, සියුම් අරුත් වටහාගන්නා
     සියලු දේ ගැන හොඳින් තේරුම් යන
     විධුර පණ්ඩිතයා ධනංජය රජුට මෙය කීවා

121. ගිහිගෙයි වසන අය, අනුන්ගේ බිරියන් හා
     කිසිදාක කිසිලෙස අනාචාරයේ නොහැසිරිය යුතු

රස ආහාර ලද විට ඔහු තනිවම නොකෑ යුතු
නුවණ නොවැඩෙන ලෞකික දැනුම පමණක්
සාර වශයෙන් නොගත යුතු

122. සිල්වත් ව වසමින් සේවා කටයුතුවල යෙදිය යුතු
කුසල් දහම්වල දී නොපමා ව යෙදිය යුතු
යටත් පැවතුම් ඇතිව මසුරුකම් බැහැර කළයුතු
සුවච ව මියුරු බස් ඇතිව මුදු ගතියෙන් සිටිය යුතු

123. මිතුරන්ට උදව් කළයුතු, අන් අයටත් දී කෑ යුතු
හැමකල පැවිද්දන් හට දානමානයෙන් සැලකිය යුතු

124. ධර්මයට කැමති විය යුතු, ඇසූ දේ දරාගත යුතු
නුවණැතියන් වෙත ගොස් නොදත් දේ අසා දතයුතු
සිල්වතුන් බහුශ්‍රැතයන් ගරු කොට ඇසුරු කළයුතු

125. සිය ගෙයි වසන ගිහියාගේ ආරක්ෂාව නම් එයයි
ඔහුගේ මිතුරන්ට කළයුතු සංග්‍රහය ද එයයි

126. සත්‍යය පවසන ගිහියා මේ කරුණු පිළිපැද්දොත්
නිදුකින් වසනවා ම යි, මෙලොවින් චුත වූ විට
පරලොවදී ඔහු කිසිවිට සෝක නොකරයි

*   *   *   *   *

බෝධිසත්වයෝ ගමනට සූදානමක් තියෙන බවක්
පෙනෙන්ට නෑ. එතකොට පූර්ණක යක්ෂයා මෙය කීවා.

127. විදුර වර, මං දැන් යන්ට ඕනෑ
තොපේ ස්වාමියා මට තා දුන්නා නොවැ
මගේ දියුණුව පිණිස දැන් ඉතින් වැඩ කරපිය
එයයි දාසයා සතු හැමදාම පවතින දෙය

විදුර පණ්ඩිතයා :-

128. හරි මාණවක, මා දැන් තොප සතු බව දනිමි
ස්වාමියා විසින් මා තට දුන් බවත් සැබෑව
මං තට බොහෝ උපකාර කළා, රජු දෙස නොබලා
සත්‍යයෙහි පිහිටා කතාකළා, මා තට ලැබුණේ එනිසා

129. මගේ වටිනාකම තා හොඳින් දන්නවා නොවැ
එනිසා තුන් දිනක් වසන්ට යමු දැන් අපේ නිවසට
මයෙ දරුවන්ට ඔවදන් දෙන්ට, ඒ කාලය ඇති මට

එතකොට පූර්ණක යක්ෂයා කල්පනා කළා. 'ඇත්ත
තමයි. පණ්ඩිතයා සත්‍යයෙහි පිහිටා කතා කළා. ඒ
හේතුව නිසා මොහු මට බොහෝ උපකාරී වුණා. මං ඒ
වෙනුවෙන් සතියක් දෙකක් වුණත් ඉවසුවාට කාරි නෑ.'
යි සිතා මේ ගාථාව කීවා.

130. යමක් තොප කියයි ද, එය මටත් එසේ ම වේවා!
අපි ගොහින් තුන් දිනක් වසමු තොපගේ නිවසේ
භවතා අද පටන් ගෙදර කටයුතු ගැන සොයා
තුන් දිනක් අඹුදරුවන්ට අනුශාසනා කළ මැන
තොප ගිය පසු අඹුදරුවන්ට සැපක් ලැබේ නම්
එබඳු අනුශාසනාවල් ඔවුන්ට කෙරුම යහපති

ඉතින් පූර්ණක යක්ෂයාත් සමග බෝධිසත්වයෝ
සිය නිවසට ගියා. ඒ බව ගාථාවෙන් මෙසේ සඳහන් වේ.

131. දාදු කෙළියෙන් ලත් ධනය ඇති පූර්ණක යක්ෂයා
හොඳයි යමු කියා විදුර පණ්ඩිත හා ගියා
හස්තිරාජයන් අශ්වරාජයන් හැසිරෙන

විදුරගේ ඇතුළු නුවරට, යහපත් ගති ඇති
උතුම් පූර්ණක යක්ෂයා පිවිසියා

132. කොස්ද්ව, මයුර, පියකේත නමින් තුන් මාලිගයක්
විදුර පණ්ඩිතයන්ට ඇත, එයින් අතිසුන්දර වූ
සක්දෙවිඳුගේ මසක්කසාර භවන බඳු වූ
බොහෝ කනබොන දේ ඇති, විදුරගේ භවනට ගියා

ඒ තුන් මාලිගා අතුරෙන් ඒ දිනවල තමන් විසූ
සුන්දරතර මාලිගයට පූර්ණකව කැඳවාගෙන ගියා. ගොස්
අලංකාර මාලිගයේ සත්වෙනි මහලේ යහන්ගැබෙහි
මහාශාලාව සරසවා, සිරියහනක් පනවා, ඉතා ප්‍රණීත
ආහාරපානාදිය ගෙන්වා දුන්නා. 'දෙවිඳුන් සමාන
මේ පන්සීයක් ලලනාවෝ තොපට පාදපරිචාරිකාවෝ
වෙත්වා! කලකිරීමක් නැතිව වසපන්න.' යි ඔහුට පවරා
දී තමන් අනිත් මාලිගයට ගියා. විදුර පණ්ඩිත ගිය පසු
ඒ ලලනාවෝ නොයෙක් තූර්ය භාණ්ඩ ගෙන වයමින්, ගී
ගයමින්, නටමින් පූර්ණක යක්ෂයාට උවටැන් කළා.

133. දෙව්ලොව ඉන්නා අප්සරාවන් බඳු
අලංකාර ව සැරසුණු ඒ ලලනාවෝ
එකකට වඩා අනික උතුම් ලෙස
නටමින්, මියුරු ගී ගයමින්
ඔවුනොවුන් වෙත කැඳවමින් උන්නා

134. දහමින් පාලනය වන විදුර පණ්ඩිතයා
සොඳුරු ළඳුන් හා කෑම බීම දී පූර්ණකයා හට
ඉතා හොඳින් සලකා, තමා කළ යුතු දේ සිතා
සිය බිරිඳ සිටි පහයට ගියා

135. සඳුන් කල්ක ගත තැවරූ, දඹරන් පැහැ සිරුරැති
බිරිඳ අමතා විදුර මෙය කීවා, හවතී, මෙහෙ එන්ට
තඹ පැහැ නිය හා නෙත් ඇත්තී,
මයෙ දරුවන්ටත් මෙහි එන්ට කියන්ට

එතකොට විදුර පණ්ඩිතයාගේ ප්‍රධාන බිසව වන අනුජ්ජා දේවී කඳුළු වගුරුවා හඬමින් "අනේ මං කොහොමෙයි හිත හදාගෙන ගොහින් දරුවන්ට එන්ට කියන්නේ? යෙහෙළිය යවන්නම්." යි කියා යෙහෙළිය ඇමතුවා.

136. අනුජ්ජා දේවී සැමියාගෙ බස් අසා
තඹ පැහැ නිය හා සොඳුරු නෙත් ඇති
යෙහෙළිය ඇමතුවා, නිලුපුල් නෙත් ඇති චේතනා,
සොඳුරු අබරණින් සැරසුණු මා දරුවන් ගෙන එන්ට

එතකොට නිලුපුල් නෙත් ඇති චේතනා වහා ගියා. මාලිගය පුරා ඇවිදිමින් "එන්ට දරුවෙනි, තොපගේ පියාණන් යහපත් ඔවදන් දෙන්ට ඔයාලා කැඳවනවා. අනික ඔයාලාට සිය පියාණන් දකින්ට ලැබෙන අන්තිම අවස්ථාවත් මෙය යි." කියා කියමින් දූපුතුන්, සුහද නෑමිතුරන් සියලු දෙනා ම කැඳෙව්වා.

වැඩිමල් ධර්මපාල කුමාරයා එය අසා හඬන්ට පටන් ගත්තා. තම බාල සොයුරු සොයුරියන් පිරිවරාගෙන පියාණන් වෙත ගියා. විදුර පණ්ඩිතයාත් ඔවුන් දැක තමන්ගේ ප්‍රකෘති ස්වභාවයෙන් සිටිය නොහැකි ව, කඳුළු පිරි නෙතින් ඔවුන් වැළඳගත්තා. හිස සිම්බා. වැඩිමල් පුතු මොහොතක් හදවතේ තුරුලු කොට සිට බිමට බැස්සුවා.

සිරියහන් ගැබෙන් නික්ම මහශාලාවේ ආසනයේ හිඳ
දහසක් පුත්‍රයන්ට අවවාද දුන්නා.

137. විදුර පණ්ඩිත සිය දරුවන් තමා වෙත ආ විට
     ඔවුන්ගේ හිස සිඹ, අකම්පිත ව ඔවුන්ට මෙය කීවා
     මා පෙම්වත් දරුවෙනි, මෙහි සිටින මාණවකයාට
     රජතුමා මාව දුන්නා

138. අද පටන් තුන් දිනක් පමණයි මං සැපෙන් ඉන්නේ
     මෙතැනින් ගිය පසු මාණවකයා යටතෙයි ඉන්නේ
     එවිට ඔහු කැමති මගකින් මා රැගෙන යන්ට යාවී
     එනිසා තොපට ඔවදන් දෙන්ටයි මං මෙහි ආවේ

139. මිතුරු ජනයා හා වසන, බොහෝ සම්පත් තිබෙන
     කුරු රටේ රජ, ඉදින් තොපගෙන් අසා සිටියොත්
     මින් පෙර තොප පියාණන් කී දේවල් දනී ද කියා
     එකල්හි දරුවෙනි, දැන් මා දෙන ඔවදන් කියව්

140. ඉදින් රජ කීවොත්, මා හා සම අසුන්හි හිඳිව් කියා
     ඇඳිලි බැඳ මෙය කියව්, 'රජපවුලේ කවුරු ද
     රජු හා සමාන වන්නේ? දේවයෙනි, තොකිව මැන
     මෙය මෙහි පිළිවෙළ නොවේ, රජ හා සම ව හිඳීම
     අප පරපුරේ සිරිත නොවේ, සිංහරාජයෙක් හා
     සිවලෙක් සම අසුන් ගැනීම කිම හොබනේ ද?'

මෙසේ විදුර පණ්ඩිතයා දුපුතුන්ට, නෑ, සුහදමිතුරු,
දාසපුරුෂයන්ට අවවාද කළා. හැම දෙන ම ප්‍රකෘති
ස්වභාවයෙන් සිටින්ට බැරිව මහහඬින් වැලපුණා. නිහඬව
බලාගත්වන ම සිටියා. එතකොට බෝධිසත්වයෝ ඔවුන්ට
කරුණු කීවා.

"දරුවෙනි, මේ ගැන එතරම් සිතන්ට එපා! ලෝකයේ හටගෙන ඇති හැම දෙයක් ම නැසී වැනසී යාම එහි ඇති ස්වභාවය යි. යස ඉසුරු කියන්නේ විපත අවසන් කොට ඇති දෙයක් නොවැ. අනික තොපගේ රාජසේවය කියන්නෙත් යස ඉසුරු ලබාදෙන දෙයක්. මං එය කියා දෙන්නම්. හොඳින් සිත එකඟ කොට අසාපන්න." යි බුද්ධ ලීලාවෙන් රාජසේවය ගැන කරුණු පහදා දුන්නා.

141. සිත සඟවා ගත් අදහස් නැති විදුර පණ්ඩිත
     නෑමිතුරන්, ඇමතියන්, සුහදයන්ට මෙය කීවා

142. රජපවුලට සේවය කරන්නන් යස ඉසුරු ලබයි නම්
     පින්වත් දරුවනි, මා කියන රාජසේවය ගැන අසව්

143. ගුණයෙන් ප්‍රකට නැති කෙනා, බියට පත් අදක්ෂයා
     නුවණින් වැඩ නොකරන, හැම වැඩේදි පමාවෙන්නා
     කිසිදාක රාජසේවයෙන් යස ඉසුරු නම් නොලබයි

144. යම් කලක රාජසේවකයා තුළ, සිල්වත් නැණවත්කම
     හොර බොරු නැති පිරිසිදුකම, වැදගත් ගතිපැවතුම්
     ඇතිවිට ඔහුව විශ්වාස කරයි, රහස් පවා ඔහුට කියයි

145. තරාදිය උඩට එසවූ විට දණ්ඩ සමබරව ඇති ලෙස
     රාජ අණ ලද විට ඔහු බිය නැතිව වැඩ කරයි නම්
     රජගෙදර සේවාවට ඔහුට නම් සුදුසුකම් ඇත

146. දවාලක රැයක වේවා, රාජකාරියෙදි නැණවතා
     රජඅණ ලද විට බියෙන් නොසැලී වැඩ කරයි නම්
     රජගෙදර සේවාවට ඔහුට නම් සුදුසුකම් ඇත

147. දවාලක රැයක වේවා රාජකාරියෙදි නැණවතා
     කළයුතු රාජකාරිය නොබියව, අගතියෙන් තොරව

නිසිලෙස කරයි නම්, ඔහු සුදුසු ය රාජසේවයට

148. රජුට පමණක් යන්ට යම් මගක් සරසා ඇත්නම්
     එමගින් 'තොපත් එව' කියා රජු කීවත් ඔහුට
     ඒ මගෙන් ඔහු නොයයි නම්, සුදුසු ය රාජසේවයට

149. රජු හා සම ලෙස පස්කම්සුව විඳ යුතු නැත
     හැමවිට රාජසේවකයා රජුගේ සැපට වඩා අඩුවෙන්
     පස්කම්සුව විඳ යුත්තේ, සුදුසුයි ඔහු රාජසේවයට

150. රජු හා සම ලෙස ඇඳුම් පැලඳුම් නොකළ යුතු
     සුවඳ ගැල්වීමත් රජු සමාන ව කරන්ට හොඳ නැත
     රජු යන එන දොඩන දේ එලෙසින් නොකළ යුතු
     තමාගේ ඉරියව් ගැලපෙන ලෙසට කළයුතු
     එබඳු අය නම් රාජසේවයට සුදුසු ය

151. රජ ඇමතියන් හා බිරින්දන් පිරිවරා ක්‍රීඩා කරයි නම්
     කිසිවිට නුවණැතියා රජලඳුන් හා හාදකම් නොකරයි

152. රාජසේවයේ සිටින කෙනා අහංකාර නොවිය යුතු
     වපල නොවිය යුතු, තැනට නිසි නුවණ තිබිය යුතු
     ඉඳුරන් සංවර විය යුතු, හොඳින් සිහි තිබිය යුතු

153. රජලඳුන් හා කිසිවිට ඔහු ක්‍රීඩා නොකළ යුතු
     ඔවුන් හා කිසිවිට රහසේ කතා නොකළ යුතු
     රජුගේ භාණ්ඩාගාරයෙන් සොරකම් නොකළ යුතු
     ඔහු නම් රාජසේවයට සුදුසු වනු ඇත

154. බොහෝ නිදා නොගත යුතු, මත්ද්‍රව්‍ය නොගත යුතු
     රජුගේ අභයභූමිවල ඉන්නා සතුන් නොමැරිය යුතු
     මෙවැන්නා නම් රාජසේවයට සුදුසු ය

155. කාර්මික කටයුතු මටත් ඇහැකි ය කියා කිසිවිටක
     රජපුතුවට හෝ රජඇදට හෝ සිහසුනට හෝ
     රජුගේ ඇතුපිටට හෝ රජුගෙ රටයට හෝ
     නොනැංග යුතු, ඔහු සුදුසු ය රාජසේවයට

156. නුවණැති සේවකයා රජුට දුරින් නොසිටියි
     වඩා ළඟත් නොසිටියි, රජුට පෙනෙන සේ සිටියි
     රජුගේ කුඩුමහත් කතා ඇසෙන මායිමේ සිටී

157. සේවකයා රජුව මිතුරෙකු සේ සමව නොසිතිය යුතු
     රජතුමා හා කිසිවිට සමාන කොට නොසිතිය යුතු
     ඇසට කටුවක් ඇනුණ විට, ප්‍රකෘතිය අත්හරී ඇස
     රජවරුත් එසේ ම ය, සුළු දේටත් වහා කිපෙත්

158. රජතුමා විසින් මටත් පුද සත්කාර කරයි සිතා
     නුවණැති පණ්ඩිතයා, පිරිස් අතරට ගිය විට
     රජතුමා හට දොස් පරොස් බස් නොකිව යුතු

159. දොරටුව භාරකෙනා පවා, අවසරයෙන් ඇතුළ්විය යුතු
     ගින්නක් අසලදී සිහිනුවණින් ම සිටිනා ලෙස
     කිසිවිට රජවරුන් ගැන දැඩි විශ්වාස නොකළ යුතු
     එවැන්නා නම් රාජසේවයට සුදුසු ය

160. රජතුමා සිය පුතුට හෝ සිය සොයුරෙකුට හෝ
     ගම් නියමිගම් ජනපදවලින් කිසිවක් දෙමි යි කියා
     සේවකයන්ට කීවොත්, පිළිතුරු නොදී නිහඬ වියයුතු
     එහි ගුණ දොස් කිසිවිටක නොකිව යුතු

161. ඇත් අස් රිය පාබල හමුදාවල වැඩ කරන අයගේ
     සේවයට පැහැදී රජතුමා පඩි වැඩි කළොත්
     ඔවුන්ගේ ලාභයට කිසිවිට අනතුරක් නොකළ යුතු

මෙවැන්නා නම් රජුගේ සේවයට සුදුසු ය

162. රාජසේවකයාට නෙරාගිය මහඋදරයක් නොතිබිය යුතු
	නුවණැතියෙක් විය යුතු, රජු කතාකරන විටදී
	නොමෙරූ උණපදුරක් සේ හිස නමා සිටිය යුතු
	රජුට විරුද්ධ පැවතුම් කිසිවිට නොකළ යුතු

163. රාජසේවකයාට නෙරාගිය මහඋදරයක් නොතිබිය යුතු
	දිව නැති මාළුවෙකු සේ අඩු කතාවෙන් සිටිය යුතු
	පමණ දැන කෑ යුතු, තැනට නිසි නුවණ තිබිය යුතු
	දක්ෂයෙක් විය යුතු

164. ස්ත්‍රීන් වෙත නොයා, වැදගත්කම රැකගත යුතු
	ගෑනු පස්සේ යන නුවණ පිරිහුණු මිනිසා
	කැස්ස, හතිය, අසනීප වී කය දුබල කරගනියි

165. රජු හා පමණ ඉක්මවා කතා නොකළ යුතු
	හැම කල්හි ම නිශ්ශබ්දවත් නොසිටිය යුතු
	කල් පැමිණිවිට සීමා දැන හොඳ වචන කිව යුතු

166. ක්‍රෝධ නොකළ යුතු, අනුන් හා නොගැටිය යුතු
	සත්‍ය මුදු වදන් කිව යුතු, කේළාම් නොකිව යුතු
	හිස් කතා නොකිව යුතු, මෙවැනියා රජුට සුදුසු ය

167. මාපියන්ට සැලකිය යුතු, වැඩිහිටියන්ට සැලකිය යුතු
	පවට ලැජ්ජා භය ඇති කෙනා රජුට සුදුසු ය

168. චරිතවත් විය යුතු, ශිල්පයන්හි දක්ෂ විය යුතු
	ඇස් කන් ආදී ඉඳුරන් සංවර ව සිටිය යුතු
	නොසැලී සිටිය යුතු, මාන රහිත ව සිටිය යුතු
	කළයුතු රාජකාරිය නොපමා ව කළයුතු
	පිරිසිදු ව සිටිය යුතු, උපස්ථානයට දක්ෂ විය යුතු

169. වැඩිහිටියන්ට යටහත් පැවතුම් තිබිය යුතු
ගරුසරු දක්වා විසිය යුතු, අණට කීකරු විය යුතු
මොළොක් බස් දෙදිය යුතු, ඔහු රජුට සුදුසු ය

170. වෙන රජුන් එවන ලද රහස් ඔත්තුකරුවන්
රාජසේවකයා විසින් දුරින් දුරුකළ යුතු
තම ස්වාමියා රජු ම බව සලකා
වෙන රජුන් වෙත නොයා යුතු

171. සිල්වත් බහුශ්‍රැත පැවිද්දන් ගරුකොට ඇසුරු කළයුතු
එබඳු තැනැත්තා රජු ළඟ ඉන්ට සුදුසු ය

172. සිල්වත් බහුශ්‍රැත පැවිද්දන් හොඳින් ඇසුරු කොට
ඔවුන් කී ලෙස පෙහෙවස් ද සමාදන් විය යුතු
එබඳු තැනැත්තා රජු ළඟ ඉන්ට සුදුසු ය

173. සිල්වත් බහුශ්‍රැත පැවිද්දන් හොඳින් ඇසුරු කොට
ආහාරපානාදියෙන් උපස්ථානයන් කළයුතු
එබඳු තැනැත්තා රජු ළඟ ඉන්ට සුදුසු ය

174. සිල්වත් බහුශ්‍රැත පැවිද්දන් හොඳින් ඇසුරු කොට
දියුණුව පිණිස ඔවුන්ගෙන් අනුශාසනා ගත යුතු
එබඳු තැනැත්තා රජු ළඟ ඉන්ට සුදුසු ය

175. ඈත කාලයේ පටන් මහණ බමුණන් හට දෙන
පරම්පරා දන්වැට නොපිරිහෙලා පැවැත්විය යුතු
දන්දෙන වෙලාවට එන යදියන් නොවැළැක්විය යුතු

176. විමසා බලන නුවණ තිබිය යුතු, බුද්ධිමත් විය යුතු
කටයුතු සංවිධානයෙහි දක්ෂයෙක් විය යුතු
පිනට කළ දත යුතු, ගොවිතැනට කළ දත යුතු
එබඳු තැනැත්තා රජු ළඟ ඉන්ට සුදුසු ය

177. තමාට පැවරෙන දේ නොපමා ව නුවණින් කිරීමට
උත්සාහවත් විය යුතු, පිළිවෙළකට වැඩ කළයුතු
එවැනි දක්ෂයා රජු ළඟ ඉන්ට සුදුසු ය

178. කමතට, සාලාවට, ගවපට්ටියට, කුඹුරට නිති යා යුතු
මනින ධාන්‍ය අටුවේ දැම්ය යුතු, ගෙදරට ද දිය යුතු

179. සීලයත් දමනයත් නැති පුතෙකු හෝ සෝයුරෙකු
වගකිවයුතු තැනක මුලට කිසිවිට නොගත යුතු
ඔවුන් තමාගේ අංග වැනියෝ නොවෙති
අනුවණ බාලයෝ වෙති, හිටියත් මළවුන් වැනි ය
ඔවුන්ට අදින්ට ඇඳුමක්, කන්ට කෑමක් දීම කම නැත

180. සීලයත් දමනයත් ඇති, දක්ෂ වූ උත්සාහ ඇති
දාස කම්කරුවන් වගකිවයුතු තැන මුලට තැබිය යුතු

181. සිල්වත් විය යුතු, ගිජුකමින් තොර විය යුතු
එළිපිටත් රහසේත් රජුට හිතවත්ව සිටිය යුතු
එවැනි තැනැත්තා රජු ළඟ ඉන්ට සුදුසු ය

182. රජු කැමති දේ දත යුතු, රජු සතුටු කළ යුතු
රජුට එරෙහි නොවී යහපත් සිතින් සිටිය යුතු
එවැනි තැනැත්තා රජු ළඟ ඉන්ට සුදුසු ය

183. රජුගේ ඇඟ උලා ස්නානය කරවන විටත්
පා සෝදනවිටත්, රජුගේ මුහුණ නොබලා
බිම බලාගෙන කළයුතු, රජු පහර දුන්නත්
එයට නොකිපී සිටිය යුතු, ඔහු ය රජුට සුදුසු

184. දියුණුව ලැබේ ය සිතා වතුර කළයටත් වදින
කපුටා වටාත් පැදකුණු කරනා කෙනා

තමා කැමති හැමදේ දෙන නුවණැති උතුම් රජු දැක
වැඳ ගරු කළයුතු බව අමුතුවෙන් කිව යුතු ද?

185. යම් රජෙක් තමන්ට ඉන්ට තැන්, යන්ට යානත්
වස්තු සයනාසන ආදියත් දී, වර්ෂාවක් සේ
ජනයා සැපවත් කරයි නම්, ඒ රජතුමා දුටුවිට
වන්දනා කළයුතු ම ය

186. මෙසේ පින්වත් දරුවනි, රජුට සේවය කරන අය
දිවි පැවැත්විය යුතු සැටි, මා හොඳින් කියා දුන්නා
ඔහු නිසා රජ තුටු වේ, රජුගෙන් සැලකිලිත් ලැබේ

*   *   *   *   *

මෙසේ විධුර පණ්ඩිතයා තමන්ගේ අඹුදරුවන්ට,
සුහද ජනයාට අනුශාසනා කරමින් තුන් දිනක් ගත කලා.
දවස් පිරී ගිය බව දැන උදෑසන ප්‍රණීත බොජුන් අනුභව
කොට 'රජතුමා බැහැදැක ම මාණවකයා සමග යන්ට
ඕනෑ' යි සිතා නෑපිරිවර සහිතව රජමැදුරට ගියා. රජුට
වැඳ, විය යුතු දේත් කීවා.

187. විධුර පඬිතුමා මෙසේ නෑයන්ට ඔවදන් දී
නෑසුහදමිතුරන් පිරිවරා රජු බැහැදැකින්ට ගියා

188. විධුර පණ්ඩිතයා රජු පාමුල හිස තබා වැන්දා
රජු වටා පැදකුණු කොට, ඇඳිලි බැඳ මෙය කීවා

189. රජතුමනි, දැන් මොහු ඔහුගේ රුචිය අනුව
මා ලවා වැඩ කරගන්ට මාව රැගෙන යයි
මගේ නෑයන්ට සෙත සඳහා කියන මෙය ඇසුව මැන

190. මගේ දරුවන් ගැන බැලුව මැන, රජු විසිනුත්
පෙර රජුන් විසිනුත් දුන් යම් ධනයක් ඇද්ද නිවසේ
එයත් බැලුව මැන, මා ගිය පසු මාගේ නෑයන්ට
කිසි වැරැද්දක් නොකළ මැන

191. බිම පැකිළී වැටෙන්ට ගිය අයෙක් බිම ම පිහිටයි
තොප කෙරෙහි පැකිළීගිය මා තොප ළඟම පිහිටයි
සත්‍ය වචනය සලකා, රජුන් දෙස නොබලා
දාසයෙක්මි යි කියා කියූ බස වරද සේ දකිම්
අන් දොසක් නැත මට, එයට කමා කළ මැන
ඒ වරද තොප සිත තබා
මගේ අෂුදරුවන්ට නොකිපෙනු මැන

එය අසා ධනංජය රජු "පණ්ඩිතය, තොපගේ ගමන
ගැන නම් මයෙ කිසිම කැමැත්තක් නෑ. යන්ට එපා!
නීතියට අනුව ඒ මාණවකයා කැඳවා මරවා දමන්නම්.
මං එයට වුණත් කැමතියි." කියා මේ ගාථාව කීවා.

192. උතුම් මහනුවණැතිය, තොපට යන්ට බැරිය
මගේ කැමැත්ත දැන් මාණවකයා මරන්ටයි
මෙහි ම තොප ඉන්ට, අනේ තොප යන්ට එපා!

විදුර පණ්ඩිත :-

193. අනේ නිරිඳුනි, අධර්මයට සිත යොදන්ට එපා!
දියුණුව සදන පින් දහම්වල පමණක් සිත යොදන්ට
අකුසල් වූ බාල වූ යම් කර්මයක් කොට යමෙක්
එනිසා නිරයට යයි නම්, ඒ අකුසලයට නින්දා වේවා!

194. මෙය යුක්තිධර්මය නොවේ, යළි නොකළ මැන
ස්වාමියා යනු දාසයාගේ අධිපතියා ය

ස්වාමියා විසින් දාසයා නසන්ට දවන්ට සුදුසු නම් මගේ ස්වාමියා දැන් ඔහු ය, ඔහු සමග යමි මම් ඔහු කෙරෙහි කිසි කෝපයක් නැත මට

විදුර පණ්ඩිතයා මෙය කියා ධනංජය රජු වැන්දා. අන්තඃපුර ස්ත්‍රීන්ටත් පිරිසටත් ඔවදන් දුන්නා. ඔවුන්ට සිය ස්වභාවයෙන් ඉන්ට බැරිව මහහඬින් වැලපෙද්දී පණ්ඩිතයා රජමැදුරෙන් පිටවුණා. එදා ඉඳිපත් නගරයේ සියලු දෙනා "වරෙල්ලා... ආං විදුර පණ්ඩිතයෝ කච්චායන මාණවකයාත් සමග යනවා. බලන්ට වරෙල්ලා..." යි රජමිදුලේ රැස්කකා බලා සිටියා. බෝධිසත්වයෝ ඔවුන්ටත් "මා ගැන සිතන්ට එපා! ලෝකයේ හටගත් සියලු දෙය වැනසී යනවා. ඉන් නිසා දානාදී පින්කම් කරමින් වසව්." යි ඔවදන් දී ගමන නවතා තම නිවස දෙස බැලුවා.

එකෙණෙහි ම ධර්මපාල පුත්කුමරා සොයුරු පිරිසත් පිරිවරා පියාට පසුගමන් යන්ට ඕනෑ යි කියා නිවස දොරටුවේ පියාට මුහුණලා සිටියා. විදුර පණ්ඩිතයා ඔවුන් දැක දරාගත නොහැකි සෝදුකින් ධර්මපාල කුමරු ළයට තුරුලු කොට සිපගෙන සිය නිවසට පැමිණියා.

195. පණ්ඩිතයා වැඩිමල් පුතු වැළඳ, හද සෝක දුරුකොට කඳුළු පිරි දෙනෙතින් යළි සිය නිවසට ගියා

නිවසේ විදුර පණ්ඩිතයාට පුතුන් දහසක් ඉන්නවා. දුවරුත් දහසක් ඉන්නවා. බිරින්දෑවරුනුත් දහසක් ඉන්නවා. සත්සියයක් දාසින් ඉන්නවා. අනිත් වැඩකරන කමිකරු නෑහිතමිත්‍රාදීන් බොහෝ ඉන්නවා. යුගාන්තයේ හමන දැඩි සුළඟින් ඉදිරි වැටෙන සල්වනයක් සේ ඒ සියලු දෙනා හඬා වැටුණා.

196. මහා සුළඟින් ඇදවැටෙනා සල්වනයක් සේ
විදුරගේ නිවසේ අඹුදරුවෝ දරන්ට බැරි සෝකෙන්
මහපොළොව මත ඇදවැටුණා

197. විදුර පණ්ඩිතයාගේ නිවසේ දහසක් බිරියෝ
සත්සියක් දාසියෝ හිස අත් බැඳ හඬා වැටුණා

198. විදුර පණ්ඩිතයාගේ නිවසේ කුමාරවරු, වෙසඟනෝ
බමුණෝත් එක් ව හිස අත්බැඳ හඬා වැටුණා

199. විදුර පණ්ඩිතයාගේ නිවසේ සිව්රඟ සේනාවෝ
ඔහු යන ගමන දැක හිස අත් බැඳ හඬා වැටුණා

200. විදුර පණ්ඩිතයාගේ නිවසේ රැස්ව සිටි
නියම්ගම් ජනපදවැසියෝ හිස අත් බැඳ හැඬුවා

201. විදුර පණ්ඩිතයාගේ නිවසේ දහසක් බිරියෝ
සත්සියක් දාසියෝ 'ඇයි ද අප හැරයන්නේ?' කියා
හිස අත්බැඳ හඬා වැටුණා

202. විදුර පණ්ඩිතයාගේ නිවසේ කුමාරවරු, වෙසඟනෝ
බමුණෝත් එක් ව 'ඇයි ද අප හැරයන්නේ?' කියා
හිස අත්බැඳ හඬා වැටුණා

203. විදුර පණ්ඩිතයාගේ නිවසේ සිව්රඟ සේනාවෝ
ඔහු යන ගමන දැක 'ඇයි ද අප හැරයන්නේ?' කියා
හිස අත් බැඳ හඬා වැටුණා

204. විදුර පණ්ඩිතයාගේ නිවසේ රැස්ව සිටි
නිගම් දනව්වැසියෝ 'ඇයිද අප හැරයන්නේ?' කියා
හිස අත් බැඳ හැඬුවා

එතකොට විධුර පණ්ඩිතයෝ ඒ සියලු ජනයා අස්වැසුවා. අනෙකුත් කටයුතු කොට ඇතුළු නුවර ජනතාවටත් ඔවදන් දුන්නා. දැනුම් දිය යුතු සියලු දේ දැනුම් දී පූර්ණක යක්ෂයා වෙත ගොස් සියලු කටයුතු අවසන් වූ බව සැලකළා.

205. විධුර පණ්ඩිතයා නිවෙස්හි කළයුතු දේ නිමවා
මිතුරන්, ඇමතියන්, දාසයන්, අඹුදරුවන් හැමටත්
සිය ජනයාටත් යහපත උදෙසා ඔවදන් දුන්නා

206. කටයුතු සංවිධානය කොට, ගෙයි ඇති ධනනිධානත්
ණයට දුන් දේත් දැනුම් දී පූර්ණකයාට මෙය කීවා

207. තොප මා නිවසේ තෙදිනක් විසුවා
ගෙදර කළයුතු දේත් සිදුකොට නිම කළා
අඹුදරුවන්ටත් නිසි ඔවදන් දුන්නා
කච්චායන, දැන් තොපගේ අදහසට මං වැඩ කරමි

පූර්ණක යක්ෂයා :-

208. කළයුතු දේ කළ තැනැත්ත, ඉදින් තා අඹුදරුවන්ටත්
සේවකයින්ටත් නිසි ඔවදන් දුන්නා නම්
හනික වර, තව ඉදිරියේ මහා දුර යන්ට තියෙනවා

209. ආජානේය අශ්වයාගේ වලිගය, නොබියව අල්ලාගනිම්
තොප විසින් මනුලොව දකිනා අවසන් දැක්ම මෙයයි

විධුර පණ්ඩිතයා :-

210. මං මොටද බිය වෙන්නේ? යමකින් දුගතියේ උපදී ද
එවැනි කිසිවක් මා සිත කය වදනින් නෑ කළේ

මෙසේ විධුර පණ්ඩිතයෝ සිංහනාද කළා. බිය රහිත

කේසර සිංහරාජයෙකු සේ නිර්භය සිතින් යුතු වුණා.
'මේ සල්ව මගේ අකැමැත්තෙන් ගැලවෙන්ට නම් එපා!'
යි අධිෂ්ඨාන පාරමිතාව පෙරට ගත්තා. එය සිරකොට
හැදගත්තා. අශ්වයාගේ වලිගයේ කෙදි විසුරුවා, දෙඅතින්
වලිගය දැඩිව අල්ලාගත්තා. දෙපාවලින් අශ්වයාගේ කලවා
වෙලාගත්තා. "මාණවකය, හරි... මං වලිගය අල්ලාගත්තා.
දැන් කැමති තැනක යන්ට." කීවා. එසැණින් පූර්ණක
යක්ෂයා ඉර්ධියෙන් මවන ලද සෙන්ධව අශ්වරාජයා
පිට නැගී සංඥාවක් දුන්නා. අශ්වයා විදුර පණ්ඩිතයාත්
සමගින් අහසට පැන නැංගා.

211. ඒ අශ්වරාජයා විදුර පඬිතුමාත් උසුලා
      අහස් ගමනින් පිටත් ව ගියා
      අතුවලත් ගල්වලත් නොගැටෙමින්
      අඳුන්ගිරි පව්වට වහා පැමිණියා

පූර්ණක යක්ෂයා මෙය සිතුවා. 'වැඩිදුරක් නොගොස්
මේ හිමවත් පෙදෙසේ රුක් පර්වත මතින් වද්දා මේකා
මරා හෘදමාංශය උපුටා ගන්නවා. ඉන් පසු මළකද කඳු
අතර හෙළා නාගභවනට යන්ට නොවැ තියෙන්නේ.'
පූර්ණකයා ඒ අදහසින් රුක් පර්වත මග නොහැර ඒ
මැදින් අසු මෙහෙයෙව්වා. බෝසත් විදුර පණ්ඩිතයන්ගේ
පාරමිතානුභාවයෙන් රුක් පර්වතවලදී ශරීරය දෙපස
රියන් පමණ දුරට ඒවා ඈත් වෙනවා. විදුර මැරී නැද්ද
කියා පූර්ණකයා හිස හරවා බලද්දී පණ්ඩිතයන්ගේ
මුවමඬල රන් කැඩපතක් සේ පහන් ව තියෙනවා
දැක්කා. 'හපොයි මේකා තාම මැරී නෑ නොවැ. දැන්
තදින් හමන වේගවත් සුළං කඳට දමා සුණුවිසුණු කරන්ට
ඕනෑ.' යි ක්‍රෝධයෙන් ඇවිලගත් සිතින් අහස්කුස ඇති

සත්වැනි මහාසුළං වාතයට අශ්වයා මෙහෙයෙව්වා. ඒ වේරම්භ වාතය අතරිනුත් ගොහින් අනතුරක් වී නැති විධුර පණ්ඩිතයන් ගෙන අදුන්ගිරි පව්වට ආවා.

* * * * *

පූර්ණක විසින් විධුර පණ්ඩිතයන් රැගෙන ගිය වේලේ පටන්, පණ්ඩිතයන්ගේ දරුවෝ පූර්ණක සිටි තැනට ගොස් එහි පණ්ඩිතයන් නොදැක, බිම වැටී පෙරළී මහා ශබ්දයෙන් හැඬුවා.

212. අයියෝ! බමුණෙකුගේ වේශයෙන් යකෙක් ආවා
අපේ විධුර පණ්ඩිතයන් ඔහු විසින් අරගෙන ගියා
මෙසේ කියමින් දහසක් බිරියන්, සත්සියයක් දාසියන්
හිස අත්බැද හඬා වැටුණා

213. අයියෝ! බමුණෙකුගේ වේශයෙන් යකෙක් ආවා
අපේ විධුර පණ්ඩිතයන් ඔහු විසින් අරගෙන ගියා
මෙසේ කියමින් කුමාරවරුන්, වෙසඟනුන්, බමුණන්
හිස අත්බැද හඬා වැටුණා

214. අයියෝ! බමුණෙකුගේ වේශයෙන් යකෙක් ආවා
අපේ විධුර පණ්ඩිතයන් ඔහු විසින් අරගෙන ගියා
මෙසේ කියමින් එහි රැස් වූ නියම ජනපද වැසියන්
හිස අත්බැද හඬා වැටුණා

215. අයියෝ! බමුණෙකුගේ වේශයෙන් යකෙක් ආවා
අපේ විධුර පණ්ඩිතයන් ඔහු කොහිද රැගෙන ගියේ?
මෙසේ කියමින් දහසක් බිරියන්, සත්සියයක් දාසියන්
හිස අත්බැද හඬා වැටුණා

216. අයියෝ! බමුණෙකුගේ වේශයෙන් යකෙක් ආවා
      අපේ විධුර පණ්ඩිතයන් ඔහු කොහිද රැගෙන ගියේ?
      මෙසේ කියමින් කුමාරවරුන්, වෙසඟනුන්, බමුණන්
      හිස අත්බැඳ හඬා වැටුණා

217. අයියෝ! බමුණෙකුගේ වේශයෙන් යකෙක් ආවා
      අපේ විධුර පණ්ඩිතයන් ඔහු කොහිද රැගෙන ගියේ?
      මෙසේ කියමින් එහි රැස් වූ නියම් ජනපද වැසියන්
      හිස අත්බැඳ හඬා වැටුණා

විධුර පණ්ඩිතයන්ව අහසින් ගෙනයනු ඔවුන්
දැක්කා. අසන්තත් ලැබුණා. මෙසේ හඬා වැලපුණ ඔවුන්
නැවතත් ඉඳිපත් නුවරවාසීන් සමග හඬ හඬා රාජද්වාරය
වෙත ආවා. පිටත මහහඬින් හඬනු ඇසී රජතුමා සීමැදුරු
කවුළුව හැර බලා "දරුවනි, ඇයි තොප හඬන්නේ?" කියා
ඇසුවා.

"අනේ දේවයන් වහන්ස, කච්චායන මාණවකයා
කියා ආවේ බ්‍රාහ්මණයෙක් නොවෙයි. ඒකා යක්ෂයෙක්.
බ්‍රාහ්මණ වේශයෙන් අවුත් අපේ පණ්ඩිතයන්ව අරගෙන
ගියා. අපට පණ්ඩිතයන් නැතිව ජීවත් වී පලක් නෑ. ඉඳින්
මෙයින් සත්වෙනි දවසේ පණ්ඩිතයෝ නාවොත් සියදහස්
ගණනින් දරගැල් ගෙනවුත් ගොඩගසා ගිනි දල්වා අපි
හැමෝම ඒ ගින්නට පනිනවා." යි රජුට දැනුම් දෙමින්
මේ ගාථාව කීවා.

218. ඉඳින් රෑ සතකින් පසු පණ්ඩිතයෝ මෙහි නොඑළ නම්
      අපි හැම ගිනි වැදී මැරෙනවා
      ඔහු නැති දිව්යෙන් අපට කිසි පලක් නෑ

"අහෝ! අපගේ විධුර පණ්ඩිතයෝ සුවසේ විසූ නගරය යි මේ." රජතුමා ඔවුන්ගේ කතාව අසා "මධුර කතා ඇති අපගේ පණ්ඩිතයෝ කච්චායන මාණවකයා ධර්මකථාවෙන් පහදවනවා ම යි. තමන් පාමුල ඔහු වට්ටවා නොබෝ කලකින් තුටු කඳුළු පිරි මුහුණින් හිනා වෙවී මෙහි එනවා ම යි. ඉන් නිසා දරුවෙනි, සෝක නොකර ඉන්ට." යි මෙය කීවා.

219. පණ්ඩිතයෝ මහව%ක්තයි, හොඳ නරක පහදා දෙයි
      වහා නුවණින් විමසා වටහා ගන්ටත් දක්ෂයි
      මාණවකයාගෙන් මිදී ඔහු මෙහි එනවා ම යි
      එනිසා තොපට හය ගන්ට කාරි නෑ ම යි

නගරවැසියෝ 'එහෙනම් අපගේ පණ්ඩිතයෝ රජු හා සියලු කතාබහ කොට නොවැ ගිහින් තියෙන්නේ.' යි සිතා අස්වැසිලි ලැබුවා.

*   *   *   *   *

පූර්ණක යක්ෂයා බෝධිසත්වයන් අදුන්ගිරි පර්වතය මුදුනේ තබා 'මේකා පණපිටින් සිටියොත් මට නම් දියුණුවක් නෑ. මේකා මරලා හිටං හෘදමාංශය උපුටාගෙන නාගභවනට ගොහින් විමලාදේවිට දෙනවා. ඉන් පස්සේ මයෙ ඉරන්දතීත් ඇන්ත දේවලෝකෙට යන්ට ඕනෑ.' යි සිතුවා.

220. පූර්ණක අදුන්ගිරට ගොස් සිතන්ට පටන් ගත්තා
      උස් පහත් බොහෝ සිතිවිලි පැන නැංගා
      මේකගේ ජීවිතෙන් මට ඇති පලක් නෑ
      මරා හදවත ම යි ගන්ට තියෙන්නේ

'මේකාට ජීවිතය දී නිදහස් කර දමන්ටත් බාගදා මට සිතෙන්ට පුළුවනි. මේකා ජීවත් කරවීමෙන් නාග භවනේදී මට අල්පමාත්‍ර වූ හෝ කිසි ප්‍රයෝජනයක් නෑ. මෙහි ම මේකා මරා හදවත ගෙන යන්ට ම ඕනෑ.' යි සනිටුහන් කරගත්තා.

නැවතත් මෙසේ සිතුවා. 'මං මේකා සියතින් මැරුවොත් බලහත්කාරයක් කළා වෙනවා. එසේ නොකොට හයානක රූප දර්ශනයෙන් ජීවිතක්ෂයට පත්කරවන්ට ඕනෑ.' යි අතිශය බිහිසුණු රාක්ෂස රුවක් මවා ගත්තා. දැන් අවුත් පෙරලා මරා කන්ට සූදානම් බව පෙන්නුම් කළා. හය වීම තබා විධුර පණ්ඩිතයන්ගේ ලොමුදැහැගැනුම් පමණවත් ඇතිවුණේ නෑ.

ඉන් පස්සේ හයානක සිංහරූපයක් මවා ගත්තා. නෑවත හයානක ඇත්රුවක් මවා දළදෙකෙන් ඇන මරන්ට වගේ ආවා. ඒත් හය වුණේ නෑ. තනි ඔරුවෙන් කළ මහනෑවක් බඳු සුවිසල් නාග වේශයක් මවාගෙන පෙණය කොට පිඹිමින් ආවා. අවුත් පණ්ඩිතයන්ගේ මුළු සිරුර වෙලාගෙන හිස මත පෙණය තබාගත්තා. ඒත් තැතිගැනුම් මාත්‍රයක්වත් ඇතිවුයේ නෑ.

ඉන් පසු කඳු මුදුනින් පහත හෙලා සුණුවිසුණු කොට දමන්ට ඕනෑ යි සිතා මහා වේගවත් සුළඟක් එව්වා. පණ්ඩිතයන්ගේ කෙස්ගසක් තරම්වත් සෙලවුණේ නෑ. පණ්ඩිතයන් පර්වතයේ සිටියදී හස්තිරාජයෙක් ඉදිගසක් සොලවන්නාහේ පර්වතය සෙලෙව්වා. එතකොට පණ්ඩිතයන් සිටි තැන ම නොසෙල්වී උන්නා.

ශබ්දයෙන් තැති ගන්වා හද පළා මරන්ට ඕනෑ යි

සීතා පර්වතය ඇතුලට ගොහින් අහසත් පොළවත් එකනින්නාද කරවමින් මහාහඬක් පිට කළා. ඒත් වැඩක් වුණේ නෑ. රාක්ෂස, සිංහ, හස්ති, නාග වේශයෙන් ආවේ, සුළං වේගය, පර්වත සෙලවීම, පර්වතය ඇතුළෙන් හඬ නගා කෑගැසීම කළේ මාණවකයා මිස අනිකෙකු නොවන බව පණ්ඩිතයෝ තේරුම් ගත්තා.

'බාහිර උපක්‍රමයකින් මේකා මරන්ට බෑ. දැන් කරන්ට තියෙන්නේ සියතින් ම මරා දැමීම යි.' යි සිතා පණ්ඩිතයන්ට පර්වත මුදුනේ ඉන්ට හැර පහළට ආවා. මැණික් කඳකට නූලක් දමන සෙයින් පර්වතයට ඇතුළ් වුණා. ඉන් පසු ඇතුළේ සිට මහා ශබ්ද කරමින් උඩට මතු වී, විධුර පණ්ඩිතයන්ව පා අල්ලා හිස යටිකුරු කොට යොදුන් පහළොවක් දුරට උඩට වීසි කළා. හිස පහළට තිබියදී යළි වැටෙද්දී පාවලින් අල්ලාගෙන, මුහුණ බලා, මැරී නැති බව දැනගත්තා. දෙවනුව තිස් යොදුන් උඩට වීසි කළා. පහළට වැටෙද්දී ආයෙමත් පාවලින් අල්ලා මුණ බලා ජීවත් වෙන බව දැක මෙය සිතුවා.

'දැන් මං මේකා සැටයොදුන් දුරට විසිකරන්ට ඕනෑ. ඒකෙන්වත් නොමැරුණොත්, මේකා පාවලින් අල්ලා පර්වත මුදුනේ ගසා මරන්ට ඕනෑ.' යි සිතා තුන්වෙනි වර සැටයොදුන් උසට වීසි කළා. වැටෙද්දී ආයෙමත් අත දිගු කොට පාවලින් අල්ලා ප්‍රපාතයට ඉහළින් ඔසොවා සිටියා. විධුර පණ්ඩිතයෝ මෙය සිතුවා. 'මෙයා මුලින් ම මාව පහළොස් යොදුන් දුරට උඩ විසිකළා. දෙවනුව තිස් යොදුන් දුරතත්, තෙවනුව හැටයොදුන් දුරතත් උඩ වීසි කළා. දැන් නම් ආයෙමත් උඩට වීසිනොකොට ඔසොවා

සිටියදී ම පර්වත මුදුනේ ගසා මරාවි. එසේ කරන්ට කලින්
මගේ හිස පහත එල්ලෙමින් තිබියදී ම ඇයි මාව මරන්ට
කාරණාව කියා අසන්ට ඕනෑ.' යි කිසි බිය තැතිගැනීමක්
නැතිව මෙය ඇසුවා.

221. කුරුරට උතුම් ඇමතියා, බිහිසුණු ලොමුදැහැගන්නා
      කිසිවෙකුට යන්ට බැරි මහා ප්‍රපාතයට ඉහළින්
      හිසත් පහළට එල්ලෙමින් සිට, තැතිනොගත් සිතින්
      පූර්ණක යකුගෙන් මෙය ඇසුවා

222. තොප රූපයෙන් නම් දෙවියෙකු වගේ ලස්සනයි
      එනමුදු ක්‍රියාවෙන් නම් ඉතාමත් අවලස්සනයි
      සංසිදී ගිය පෙනුම තිබුණත් කිසි සංසිදීමක් නෑ
      අතිශය රෞද්‍ර කර්ම කරයි, මද කුසල්වත් නෑ තට

223. ඇයි ද තොප මා ප්‍රපාතයට හෙළන්ට ආසා?
      මගේ මරණයෙන් තොපට යම් සෙතක් වේ ද?
      අද තොප පෙනුම නපුරු අමනුෂ්‍යයෙකු බඳු ය
      කියව මට කවුද තොප, කිනම් දෙවියෙක් ද?

පූර්ණක යක්ෂයා :-

224. බාගදා තොප අසා ඇති පූර්ණක නම් යක්ෂයා ගැන
      වෙසමුණි මහරජුගේ ඔහු සෙන්පති ඇමතියෙකි
      භූමින්දර නාගභවනේ වරුණ නම් නාරජෙක් සිටී
      උස මහත, රන් පැහැ ගත්, කාය බලයෙන් යුක්තයි

225. ඉතින් ඒ නාරජුගෙ අනුජාත දුට මං ආදරෙයි
      ඉරන්දතී නම් නාගකන්‍යාවී ඇය යි
      සොඳුරු ළමැද ඇති ඒ ප්‍රියාව කරකාරෙට ගන්ටයි
      තොපට මේ වධ දෙන්නේ නැණවතාණෙනි

එය අසා බෝධිසත්වයෝ මෙය සිතුවා. 'හපොයි...
මේ ලෝක සත්වයා වැනසෙන්නේ වරදවා ගත් දේකින් ම
යි. නාගමාණවිකාවක් පතනා අයෙකුට මගේ මරණයෙන්
කවර ප්‍රයෝජනයක් ද? මොකක්ද මේ හතරබීරි කතාව?
මෙහි ඇති තතු දැනගන්ට ඕනෑ.' යි මේ ගාථාව කීවා.

226. අනේ යක්ෂයෝ, නිකම් මුළාවට පත්වෙන්ට එපා!
     ලොව බොහෝඅය නැසුණේ වරදවාගත් දේ නිසාමයි
     මා මරා දැමුමෙන් කවර සෙතක් ද? අසමු ඒ සියල්ල

පූර්ණක යක්ෂයා :-

227. මහනුභාව නාරජුගේ දූ කැමති මා, නෑයින්ට දාසවුණා
     නාගකන්‍යාවී මං ඉල්ලුවා, මාමණ්ඩි දැනගත්තා
     මං ඉක්මනින් කාමයට වසඟ වන බව
     එතකොට ඇය ඉල්ලන මට ඔහු මෙය කීවා

228. ඉදින් තා විධුරයාගේ හදවත දැහැමිව ලබා
     මෙහි ගෙන ආවොත්, සොඳුරු කය ඇති
     ලස්සන නෙත් ඇති, සඳුන් කල්ක ගත තවරාගත්
     විස්මය දනවන රූ ඇති ඉරන්දතී තට දෙනවා
     ඒ හදවත දී කුමාරි ගනිං, ඊට වඩා වෙන ධනය එපා

229. පණ්ඩිතය, අසාපං, මං මුළාවට පත්වෙලා නෑ
     මා විසින් වරදවා ගත් මොකුත් නෑ මෙහි
     දැහැමිව ලබනා තොප හදවත නිසා
     නාගයෝ මට ඉරන්දතී දෙනවා

යක්ෂයාගේ කතාව අසා බෝධිසත්වයෝ මෙය සිතුවා.
'විමලාදේවියට මගේ හදවතින් ඇති විශේෂ කටයුත්තක්
නෑ. වෙන්ට ඇත්තේ මෙය යි. එදා වරුණ නාරජු ධර්ම

කතාව අසා ගෙල බැඳි මැණික මට පිදුවා. ඉන් පස්සේ මගේ ධර්මකථීක බව ගැන නාලොව ගොහින් වර්ණනා කරන්ට ඇති. විමලා දේවියටත් ධර්ම කතාව අසන්ටයි දොළ උපදින්ට ඇත්තේ.

ඇය කිවූ කරුණ නාගරාජ්යා වරද්දාගෙන තියෙන්නේ. පූර්ණකට අණ කරන්ට ඇත්තේ ඒ නිසයි. මෙයාත් තමන් වරද්දාගත් කරුණ නිසයි මා මරන්ට මෙතරම් මට දුක් දෙන්නේ. මේ මොහොතේ මා සතු නුවණත්, ස්ථානයත්, යමක් හටගැනීමත්, එයට හේතුවත්, එහි ආශ්වාදයත්, එය වටහාගැනීමේ දක්ෂකමත් යන කරුණු මා මරන්ට සූදානම් ව සිටින මොහු කෙරෙහි කුමක් කරන්ට ද?' යි සිතා මෙය කීවා.

"හරි මාණවකය, මං යහපත් මනුෂ්‍ය ධර්ම කියා දෙයක් දන්නවා. යම් වේලාවක් තොප මාව නොමරා සිටියොත් ඒ වේලාවේ කඳුමුදුනේ මා හිඳුවා යහපත් මනුෂ්‍ය ධර්ම අසාපන්න. ඉන් පස්සේ තොප යමක් කැමති ද එය කරව." යි හිස යටට එල්ලෙමින් තිබියදී මේ ගාථාව කීවා.

230. කච්චායන, ඉදින් මා හඳින් තට යම් වැඩක් වේ නම්
හනික මා කන්ද උඩට ගන්ට, යම් යහමනුදම් ඇද්ද
අද මං ඒ සියලු දේ තොපට කියා දෙන්නම්

එය අසා පූර්ණකයා 'මේ නුවණැත්තා විසින් මීට කලින් දෙව් මිනිසුන්ට නොකී ධර්මයක් වෙන්ට ඇති මේ කියන්ට යන්නේ. එහෙනම් හනික උඩට ගෙන සාධුනරධර්මයන් අසන්ට ඕනෑ.' යි සිතා විදුර පණ්ඩිතයන් ඔසොවා පර්වතය මුදුනේ වාඩි කෙරෙව්වා.

231. පූර්ණකයා විසින් කුරුරට උතුම් ඇමතියා
හනික කඳුමුදුනේ තැබුවා, අස්වැසිලි ලද පණ්ඩිත
ඉන්නා අයුරු දැක, ඒ අලාමක නුවණැති
ඇමතියාගෙන් මෙය ඇසුවා

232. ඔන්න මං තොප ප්‍රපාතයෙනුත් ගොඩ ගත්තා
තගෙ හදවතින් මට වැඩක් තියෙනවා ම යි
යම් කිසි යහමනුදම් ඇත්නම් ඒ හැමත් මට කියව

විධුර පණ්ඩිත :-

233. තා විසින් මා ප්‍රපාතයෙන් උඩට ගත්තා
මයෙ හදවතිනුත් තොපට වැඩක් තියේ නොවැ
යම්කිසි යහමනුදම් ඇත්නම් ඒ හැමත් තොපට කියමි

විධුර පණ්ඩිතයෝ මෙසේ කියා "මාණවකය, මේ
බලන්ට. මයෙ සිරුර අපවිත්‍රු යි. ධර්මය කියන්ට කලින්
නාන්ට ඕනෑ." එතකොට යක්ෂයාත් හොඳ ය කියා
පණ්ඩිතයන්ට ස්නානය කරන්ට ජලය ගෙනත් දුන්නා.
ඔහු ස්නානය කරද්දී ඔහුට දිව්‍ය වස්ත්‍ර, දිව්‍ය සුවඳ මල්
ආදියත් දුන්නා. ඒවා හැඳ පැළඳගත් පසු දිව්‍ය භෝජනත්
දුන්නා. බොජුන් අනුභව කළ විධුර පණ්ඩිතයන්ව අඳුන්-
ගිරි පර්වත මුදුනේ අලංකාර කළ අසුනක වාඩිකෙරෙව්වා.
එතකොට විධුර පණ්ඩිතයෝ යහපත් මිනිස් දහම් විස්තර
කරමින් මෙය කීවා.

234. මාණවකය, යන්නවුන් අනුව යන්නා විය යුතු
තෙමුණු අත ගිනි තබාගන්ට එපා!
උපකාර ලද මිතුරන්ට කිසිදා ද්‍රෝහි වෙන්ට එපා!
සිහි නැති එකියන්ගේ වසඟයට යන්ට එපා!

විධුර පණ්ඩිතයන් අරුත් හකුළා කී යහපත් මිනිස්
දහම් සතර පූර්ණකයාට තේරුණේ නෑ. ඔහු එය වටහා
දෙන්ට කියා ඉල්ලා සිටියා.

235. යන්නවුන් අනුව යන අයෙක් වන්නේ කෙසේ?
    තෙමුණු අත ගිනිතබා නොගෙන ඉන්නේ කෙසේ?
    මිතුද්‍රෝහියා යනු කවුද? සිහි නැත්තී කවරී ද?
    මේවා අසන මට පහදා දුන මැනව

විධුර පණ්ඩිත :-

236. දවසක් දෙකක්වත් එකට නොවිසූ අයෙක්
    තමා කලින් නුදුටු අයෙක්, අසුනක් පවරා හෝ
    ඉදගන්ට තැනක් දේ නම්, ඔහු යහපත කළ අයෙකි
    යන්නහු අනුව යනකෙනා යි නැණවත්හු ඔහුට කියති

237. කාගෙ හෝ නිවසක එක් රැයක් හෝ විසුවොත්
    යම් තැනකදී ඔහුට කන්ට බොන්ටත් ලැබුණොත්
    සිතින්වත් ඔහු ගැන වරදක් කරන්ට නොසිතිය යුතු
    දානෙන් තෙත් වූ ඒ අත, මිතුද්‍රෝහියා නම් ගිනි තබයි

238. යම් රුක් සෙවණක යමෙක් හිඳි ද, සැතපේ ද
    ඒ රුකේ අතු ඉති නොබින්ද යුතු
    ඉදින් යමෙක් බිඳි නම්, ඔහු මිතුද්‍රෝහී පාපියෙකි

239. මං ඇයට ආදරේ නිසා, ඈ අන් පිරිමි නොපතයි සිතා
    පුරුෂයා ධනය පිරුණු මේ පොළොව දුන්නත් ඈට
    ඉඩ ලද සැණින් සැමියා ඉක්ම අන් පිරිමි ගැන සිතයි
    එනිසා සිහිනැත්තියගේ වසඟයට පිරිමියා නොයායුතු

240. යන්නවුන් අනුව යන්නා මෙසේ ය
    තෙමුණු අත ගිනි තබා නොගන්නේ මෙසේ ය

සිහි නැත්තී නම් ස්ත්‍රිය යි
කළගුණ නොදන්නා මිතුද්‍රෝහියා වෙයි
තොප ද ධාර්මික විය යුතු, අධර්මය අත්හළ යුතු

*   *   *   *   *

මෙසේ බුදුකෙනෙකුගේ ලීලාවෙන් විධුර පණ්ඩිතයා පූර්ණක යක්ෂයාට යහපත් මිනිස්දහම් සතර පහදා දුන්නා. එය අසද්දී පූර්ණකයා කල්පනාවට වැටුණා. 'පණ්ඩිතයා මේ සිව් තැනේදී ම තමාගේ ජීවිතේ ම යි ඉල්ලුවේ. මීට කලින් මං මෙයැයි කිසිදා දැක නෑ. එසේ නොදන්නා, නොදුටු මට තුන් දිනක් මාලිගාවක ඉන්ට සලසා, කන්ට බොන්ට දී, පන්සියයක් ළදුන්ගේ උපස්ථාන ආදී සත්කාර කළා.

මාත් මේ පව් කරන්ට යන්නේ ගෑනියක හේතු කොටගෙන නේද? හැමතැනදී ම මිතුද්‍රෝහී ව ඉන්නේ මං නොවැ. ඉදින් මං පණ්ඩිතයන්ට අපරාධයක් කළොත් යහපත් මිනිස් දහම්වල නොපිහිටියා වෙනවා. නාගමාණවිකාගෙන් මට වැඩක් නෑ. ඉදිපත් නුවර වැසියන්ගේ කඳුළු පිරි මුහුණු හිනස්සවමින් මං මෙයැයි වේගයෙන් ගෙන ගොස් ධර්මසභාවට බස්සවන්ට ඕනෑ.' යි සිතා මෙය කීවා.

241. නුවණැතිය, තොප නිවසේ මා තුන්දිනක් විසුවා
කෑම බීම උවටැන් එහිදී ගොඩක් ලැබුණා
තොප මගේ මිතුයෙකි, මං තොප නිදහස් කරමි
අද තොප මාව ප්‍රාණසාතයෙන් මිදෙව්වා

242. නයින්නේ මංගල්ලේ නැති වුණාට මට කම් නෑ
නාගකන්‍යාවීගෙන් මට වැඩක් නොවේවා
නුවණැතිය, තොප පැවසූ සුභාෂිතයෙන්
අද මාව ප්‍රාණසාතයෙන් මිදෙව්වා

එතකොට විදුර පණ්ඩිතයෝ මෙය කීවා. "මාණවකය, තොප මාව දැන් ම ගෙදර යවන්ට එපා. නාගභවනට රැගෙන යන්ට."

243. එහෙනම් යක්ෂය, මාව නාලොව ගෙන යන්ට
තොප නාග මාමණ්ඩිගේ කටයුතු මට පවරව
අපි කලින් නොදුටු නාවිමනත් නාරජුත්
දකින්ට මං කැමතියි

පූර්ණක යක්ෂයා :-

244. සැබෑවින් ම නරයෙකුට අහිතක් වේ නම්
නුවණැත්තා එය දකින්ට හොඳ නෑ ම යි
නුවණැත්ත, ඇයි තොප සතුරුගමට යන්ට ආසා?

විදුර පණ්ඩිත :-

245. සැබෑවින් ම මම ද එය දනිම්
නුවණැත්තා එය දකින්ට හොඳ නෑ තමයි
කිසි තැන මා කළ වරදකුත් නැතිකොට
මා වෙත මරණය ඒම ගැන මට සැකයකුත් නෑ

"දේවරාජ්‍ය, තා වැනි දරුණු අයෙකුත් ධර්මකථා-වෙන් සතුටු කරවා මොළොක් කළා නොවේ ද?"

"ඒ වුණාට මට ඒ නාගකන්‍යාවිගේ ඔඳැකම නැතිවුණා. දැන් ඔහේ තමුන්නේ නිවසට යන්ට."

"මාණවකය, නාගරාජයා මොළොක් කිරීමේ මගේ බර කුමක්දැයි මං දන්නවා. එනිසා මා එහි ගෙනියන්ට." එතකොට පූර්ණකයා එය කැමති වුණා.

පූර්ණක යක්ෂයා :-

246. එසේ නම් ඇමතිය, මා සමග යන්ට එව
අසම වූ ආනුභාව ඇති ඒ නාලොව
වෙසමුණි රජුගේ නලිනී රාජධානිය වගේ
නැටුම් ගැයුම් වැයුම් මැද සිටින නාරජු දකුව

247. නාමෙණෙවියෝ බොහෝ, රෑ දාවල ක්‍රීඩා කරත් එහි
බොහෝ මල්මාලාවෙන්, කුසුමෙන් එය වැසී ඇත
අහසේ විදුලිය මෙන් ඒ නාලොව බබළයි

248. කෑම බීම, නැටුම් ගැයුම් වැයුම් එහි ඕනෑතරම්
අලංකාර ඇඳුමෙන් සැරසුණු නාමෙණෙවියෝ
ඒ හැම දෙයින් අඩු නැති නාවිමන නම් හරි හැඩයි

249. පූර්ණක යක්ෂයා විසින් කුරුරට උතුම් ඇමති
අසුගේ පිටුපස අසුනේ හිඳුවා ගත්තා
අලාමක ප්‍රඥා ඇති විධුර පණ්ඩිතයා ද රැගෙන
වරුණ නාරජුගේ හවන වෙත පැමිණෙව්වා

250. අසම ආනුභාව ඇති නාගභවනට ගිය
පූර්ණක පිටුපසින් විධුර පණ්ඩිත සිටියා
සමඟිය දකින නාරජ, බෑණා සමග මුලින්ම කතාකළා

251. විධුර පණ්ඩිතයන්ගේ හදවත සොයමින්
තොප ගියා නෙවෙද මනුලොව බලා?
ඇයි වැඬේ හරි ගියා ද මේ පැත්තෙ ආවේ?
අලාමක නුවණැති ඇමතියා ගෙනාවා ද?

පූර්ණක යක්ෂයා :-

252. යමෙකු ලැබුමට තොප කැමති ද, ඒ පුරුෂයා ම යි
     දැන් මෙහි ඇවිත් ඉන්නේ, ඔහු ධර්මයෙන් රැකේ
     මාත් ඔහු ධර්මයෙන් ම යි ලබාගත්තේ
     මුණගැසී කතාබස් කරන ඔහු දැක්ක මැනව
     සත්පුරුෂයන්ගේ එකතුව සැබැවින් ම සැපයකි

     *   *   *   *   *

වරුණ නාරජ :-

253. නොදුටු දේ දකිනවිට නරයාට මරබිය හටගනියි
     තොප මට නොවැඳ ඉන්නේ එසේ බිය වූ නිසා ද?
     නුවණැතියෙකුගේ ස්වභාවයට මෙය නොගැලපේ

විධුර පණ්ඩිතයා :-

254. නාරජුනි, මට බියක් නෑ, මරණභය කොහොමත් නෑ
     වධයට නියම තැනැත්තා අනිකාට නොවැඳ යුතු
     වධයට නියම වූ අය ලවා වන්දවා නොගත යුතු

     "නෑ මහරජ, නොදුටු විරූ නාගභවන දැක මං
     කිසිසේත් බිය වුණේ නෑ. මට කොහොමත් මරණභයක්
     නෑ. මා වැනියෙකුට මරණභය කියා දෙයක් නෑ. වධයට
     නියම වූවෙක් අනිකෙකුට වැඳීම හෝ ඔහු ලවා වන්දවා
     ගැනීම හෝ නොලැබිය යුතුයි. යම් කෙනෙකු විසින්
     නරයෙක් මරන්ට කැමති වුණා ද, ඒ නරයා කෙසේද
     ඔහුට වදින්නේ? නරයා ලවා කෙසේද තමන්ට වන්දවා
     ගන්නේ? ඒ වැඩේ හරි ද? මාව මරන්ට නොවේ ද තොප
     මෙහි මාව කැඳවාගෙන ආවේ? ඉතින් මං කොහොමද
     එබඳු තොප වැනි අයෙකුට වදින්නේ?"

එය ඇසූ නාරජ විදුර පණ්ඩිතයන්ට ස්තුති කරමින්
මේ ගාථාවන් කීවා.

255. පණ්ඩිතය, තා යම් සත්‍යයක් කීවා ද, ඒ එසේමයි
     වධයට කැප වූවෙක් අනිකෙකුට නොවැන්ද යුතු
     වධයට කැප වූවෙකු ලවා වන්දවා නොගත යුතු

256. නරයෙක් යමෙකු නසන්ට කැමති වුණා ද
     ඒ නරයා කෙසේද ඔහුට වඳින්නේ?
     කෙසේද නරයා ලවා වන්දවා ගන්නේ?
     ඒ වැඩේ නම් හරි නෑ තමයි

ඊළඟට විදුර පණ්ඩිතයෝ නාරජු හා පිළිසඳර කතා
කරමින් මෙය කීවා.

257. නාරජුනේ, තොපගේ මේ ඉර්ධියත් ආලෝකයත්
     බල වීරියෙන් යුතු උපතත් සදා පවතින දේ නොවේ
     මේවා සදා පවතියි හිතා පව් නම් කරන්ට එපා!
     නාරජුනි, මං තොපගෙන් කරුණක් අසමි
     තොපට මෙබඳු උතුම් නාවිමනක් ලැබුණේ කෙසේ?

258. ඉබේ ද මෙය පහළ වූයේ?
     කාල විපර්යාසයෙන් ද ලැබුණේ?
     තමා ම මවාගත්ත ද? දෙවියෝ මවා දුන්නද?
     කියව මට නාරජුනි මෙය, මේ විමන ලැබුණේ කෙසේ?

වරුණ නාරජ :-

259. පණ්ඩිතය, මෙය මට ඉබේ පහළ වුවක් නොවේ
     කාල විපරීතයෙන් ලැබුණ දේකුත් නොවේ
     මා විසින් මවාගත්තාත් නොවේ

දෙවියො දුන්නත් නොවේ, පෙර ආත්මයේ මා විසින්
හොඳින් කළ පින් බලෙන් ම යි මෙය ලැබුණේ

විදුර පණ්ඩිත :-

260. නාරජ, පෙර ආත්මයේ කුමක්ද තොප කළ පින?
කුමන බඹසර ද රැක්කේ? කුමක් හොඳින් පුරුදුකොට
කෙසේද මේ විපාකය ලැබුණේ?
ඉර්ධියත් ආලෝකයත් බලවීරියත් ඇති උපත
තොපට මේ නාගභවනේ තියෙනවා

එවිට වරුණ නාරජුට තමන් පෙර ආත්මයේ
කාලවම්පා නගරයේ මිනිසෙකු ව ඉපිද සිටි අවස්ථාව
මතක් වුණා. එහිදී ඉතා සිල්වත් ගුණවත් සෘෂිවරුන්ට
දානමානාදියෙන් උපස්ථාන කොට නාලොව උපදින්ට
පැතු බවත් මතක් වී මේ ගාථාවෙන් පිළිතුරු දුන්නා.

261. මල් ද සුවඳ ද විලවුන් ද පහන් දල්වන තෙල් ද
ඇඳ පුටු, ගේදොර, කෑම බීම් ද, මමත් බිරිඳත්
ඉතා හොඳින් සකසා දානය පිණිස දුන්නා

262. එයයි මා කළ වත, එයයි මා රැකි බඹසර
මැනවින් පුරුදු කළ ඒ පුණ්‍ය විපාකය යි මෙය
ඉර්ධියත් ආලෝකයත් බලවීරිය ඇති උපතත්
හොඳින් පිහිටා ඇත මේ නාගභවනේ

විදුර පණ්ඩිත :-

263. ඉදින් තොප මේ විමන ලැබුවේ ඒ පිනෙන් නම්
පින්වල විපාක ඇති බව හොඳින් වටහාගන්ට
එසේ නම් නොපමා ව ධර්මයෙහි හැසිරෙන්ට
එවිට යළිත් තොපට මෙබඳු විමනක ඉන්ට ලැබේවි

වරුණ නාරජ :-

264. අනේ ඇමතිය, මෙහි මහණ බමුණන් නෑ නොවැ
    කාට නම් අපි දන්පැන් පුදන්ට ද මෙහි?
    මෙකරුණ කියා දෙනු මැන
    මෙවැනි විමානයක යළි අපි ඉන්නේ කෙසේ?

විධුර පණ්ඩිත :-

265. තොපට මෙහි උපන් නාපුතුයොත් නාබිරින්දෑවරුත්
    නාමෙණෙවියොත් ඉන්නවා, ඒ ඔවුන් වෙත
    කයින් හා වචනයෙන් නිතර මෙත්සිතින් ඉන්ට

266. නාරජුනි, මෙසේ තොප වචනයෙන් ක්‍රියාවෙන්
    නිතර මෙත් සිතින් විසුවොත්, ආයු ඇති තෙක් සිට
    මෙයින් චුත ව දෙව්ලොවක උපදිනු ඇත

විධුර පණ්ඩිතයන්ගේ ධර්ම කථාව ඇසූ නාරජ මෙය
සිතුවා. 'දැන් ඉතින් පණ්ඩිතයන් හා බාහිර කථාවෙන් කල්
ගෙවන්ට හොඳ නෑ. හනික විමලාදේවිය පණ්ඩිතයන්ට
මුණගස්වන්ට ඕනෑ. පණ්ඩිතයන්ගේ සුමධුර ධර්මකථාව
අස්සවා, ඈගේ දොළදුක සංසිඳුවා, ධනංජය රජු සතුටු
කරවමින් පණ්ඩිතයන් පිටත් කරවන එකයි වටින්නේ.' යි
මේ ගාථාව කීවා.

267. යමෙකුගේ ඇමති ව තොප සිටියා ද සැබැවින් ම
    ඒ ධනංජය රජු සොක කරනවා ඇති දැන්
    දුකටපත් ගිලන් මිනිසාත් තොප හා එක්වූ විට නම්
    ඔහුත් සැපයට පත්වෙනවා ම යි

එය ඇසූ විධුර පණ්ඩිතයා වරුණ නාරජුට ස්තුති
කරමින් මෙය කීවා.

268. නාරජුනි, සැබැවින්ම තොප කීවේ, හොඳින් පුරුදු කළ
උතුම් සත්පුරුෂ දහමකි, එසේම මෙබඳු ආපදාවන්හිදී
මා වැනි ප්‍රඥාවන්තයින්ගේ ද විශේෂත්වය පෙනේ

එවිට වරුණ නාගරාජයා වැඩි වැඩියෙනුත් සතුටු ව
මෙය කීවා.

269. අපට කියව පණ්ඩිතය, මෙය
පුරණකයා කියන්නේ තොපව ධර්මයෙන් ලද බවයි
කිසිවක් නොදී නිකම් ම තොපව ලබාගත්ත ද?
නැත්නම් සූදුවෙන් තොපව දිනාගත්ත ද?
කෙසේද තොප මොහු අතට පත්වුණේ?

විධුර පණ්ඩිතයා :-

270. නාරජුනි, මට ද ස්වාමී වූ රජෙක් සිටියා නොවැ
සූදුකෙළියේදී ඔහු මොහුට පැරදුණා
පරාජිත රජ මොහුට මා භාර දුන්නා
සැහැසිව නොවේ ධර්මයෙනුයි මොහු මා ලැබුවේ

271. විධුරගේ සුභාෂිත අසා නාරජු සතුටින් පිනාගියා
අලාමක නුවණැතියා අතින් අල්ලාගෙන
විමලාදේවිය හුන් තැනට ගියා

272. විමලෝ, කෑම කන්ට බැරිව පඬු පැහැ ගැන්වී
ඔයා ඉන්නේ යම් කෙනෙකු නිසා නම්
මෙවැනි ගුණවැනුම් ඇති වෙන අයෙක් නම් නැත
අඳුරු ලොව එළිය කරනා ඒ උතුමා ය මේ ඉන්නේ

273. යමෙකුගේ හදවතින් ඔයාට වැඩක් ඇතෙයි කීවා
රැස් විහිදෙන ඔහු දැන් මෙතනට ම ආවා
ඔහුගේ සුභාෂිතය අසන්ට, යළි මොහු දැකීම දුලබයි

274. විමලාදේවී මහනුවණැතියාව සියැසින් දැක්කා
දසැඟිලි එක්කොට වඳිමින්, කුරුරට උතුම් ඇමතිට
මෙකරුණ කීවා

275. නොදුටු දේ දකිනවිට නරයාට මරබිය හටගනියි
තොප මට නොවැඳ ඉන්නේ එසේ බිය වූ නිසා ද?
නුවණැතියෙකුගේ ස්වභාවයට මෙය නොගැලපේ

විධුර පණ්ඩිතයා :-

276. දේවිය, මට බියක් නෑ, මරණභය කොහොමත් නෑ
වඩයට නියම තැනැත්තා අනිකාට නොවැන්ද යුතු
වඩයට නියම වූ අය ලවා වන්දවා නොගත යුතු

විමලා දේවිය :-

277. පණ්ඩිතය, තා යම් සත්‍යයක් කීවා ද, ඒ එසේමයි
වඩයට කැප වූවෙක් අනිකෙකුට නොවැන්ද යුතු
වඩයට කැප වූවෙකු ලවා වන්දවා නොගත යුතු

278. නරයෙක් යමෙකු නසන්ට කැමති වුණා ද
ඒ නරයා කෙසේද ඔහුට වඳින්නේ?
කෙසේද නරයා ලවා වන්දවා ගන්නේ?
ඒ වැඩේ නම් හරි නෑ තමයි

විධුර පණ්ඩිත :-

279. දේවිය, තී ලද මේ ඉර්ධියත් ආලෝකයත්
බල වීරියෙන් යුතු උපතත් සදා පවතින දේ නොවේ
මේවා සදා පවතියි හිතා පව් නම් කරන්ට එපා!
දේවිය, මං තිගෙන් කරුණක් අසමි
තිට මෙබඳු උතුම් නාවිමනක් ලැබුණේ කෙසේ?

280. ඉබේ ද මෙය පහළ වූයේ?
කාල විපර්යාසයෙන් ද ලැබුණේ?
තමා ම මවාගත්ත ද? දෙවියෝ මවා දුන්නද?
කියව මට දේවිය මෙය, මේ විමන ලැබුණේ කෙසේ?

එවිට විමලා දේවියට තමන් පෙර ආත්මයේ
කාලචම්පා නගරයේ සිය සැමියාත් සමග එකට විසූ
අවස්ථාව මතක් වුණා. එහිදී ඉතා සිල්වත් ගුණවත්
සාමිවරුන්ට දානමානාදියෙන් උපස්ථාන කොට නාලොව
උපදින්ට පැතු බවත් මතක් වුණා.

281. පණ්ඩිතය, මෙය මට ඉබේ පහළ වූවක් නොවේ
කාල විපරීතයෙන් ලැබුණු දෙකුත් නොවේ
මා විසින් මවාගත්තාත් නොවේ
දෙවියො දුන්නත් නොවේ, පෙර ආත්මයේ මා විසින්
හොඳින් කළ පින් බලෙන් ම යි මෙය ලැබුණේ

විදුර පණ්ඩිත :-

282. දේවිය, පෙර ආත්මයේ කුමක්ද තොප කළ පින?
කුමන බඹසර ද රැක්කේ? කුමක් හොඳින් පුරුදුකොට
කෙසේද මේ විපාකය ලැබුණේ?
ඉර්ධියත් ආලෝකයත් බලවීරියත් ඇති උපත
තිට මේ නාගභවනේ තියෙනවා

විමලා දේවී :-

283. මල් ද සුවද ද විලවුන් ද පහන් දල්වන තෙල් ද
ඇද පුටු, ගේදොර, කෑම බීම ද, මාත් සැමියාත්
ඉතා හොඳින් සකසා දානය පිණිස දුන්නා

284. එයයි මා කළ වත, එයයි මා රැකි බඹසර
මැනවින් පුරුදු කළ ඒ පුණ්‍ය විපාකය යි මෙය
ඉර්ධියත් ආලෝකයත් බලවීරිය ඇති උපතත්
හොඳින් පිහිටා ඇත මේ නාගභවනේ

විධුර පණ්ඩිත :-

285. ඉදින් තී මේ විමන ලැබුවේ ඒ පිනෙන් නම්
පින්වල විපාක ඇති බව හොඳින් වටහාගන්ට
එසේ නම් නොපමා ව ධර්මයෙහි හැසිරෙන්ට
එවිට යළිත් තිට මෙබඳු විමනක ඉන්ට ලැබේවි

විමලා දේවී :-

286. අනේ ඇමතිය, මෙහි මහණ බමුණන් නෑ නොවැ
කාට නම් අපි දන්පැන් පුදන්ට ද මෙහි?
මෙකරුණ කියා දෙනු මැන
මෙවැනි විමානයක යළි අපි ඉන්නේ කෙසේ?

විධුර පණ්ඩිත :-

287. තිට මෙහි උපන් නාරජුත් නාපුතුයෝත්
නාමෙණෙවියොත් ඉන්නවා, ඒ ඔවුන් වෙත
කයින් හා වචනයෙන් නිතර මෙත්සිතින් ඉන්ට

288. දේවිය, මෙසේ තොප වචනයෙන් ක්‍රියාවෙන්
නිතර මෙත්සිතින් විසුවොත්, ආයු ඇති තෙක් සිට
මෙයින් චුත ව දෙව්ලොවක උපදිනු ඇත

විමලා දේවී :-

289. යමෙකුගේ ඇමති ව තොප සිටියා ද සැබැවින් ම
ඒ ධනංජය රජු සෝක කරනවා ඇති දැන්

දුකටපත් ගිලන් මිනිසාත් තොප හා එක්වූ විට නම්
ඔහුත් සැපයට පත්වෙනවා ම යි

විදුර පණ්ඩිත :-

290. දෙවිය, සැබෑවින්ම තොප කීවේ, හොඳින් පුරුදු කළ
උතුම් සත්පුරුෂ දහමකි, එසේම මෙබඳු ආපදාවන්හිදී
මා වැනි ප්‍රඥාවන්තයින්ගේ ද විශේෂත්වය පෙනේ

විමලා දේවී :-

291. අපට කියව පණ්ඩිතය, මෙය
පුරණකයා කියන්නේ තොපව ධර්මයෙන් ලද බවයි
කිසිවක් නොදී නිකම් ම තොපව ලබාගත්ත ද?
නැත්නම් සූදුවෙන් තොපව දිනාගත්ත ද?
කෙසේද තොප මොහු අතට පත්වුණේ?

විදුර පණ්ඩිතයා :-

292. දෙවිය, මට ද ස්වාමී වූ රජෙක් සිටියා නොවැ
සූදුකෙළියේදී ඔහු මොහුට පැරදුණා
පරාජිත රජ මොහුට මා භාර දුන්නා
සැහැසිව නොවේ ධර්මයෙනුයි මොහු මා ලැබුවේ

293. නාරජ පණ්ඩිතයාගෙන් ප්‍රශ්න ඇසුවේ යම්සේ ද
විමලා දේවියත් ඔහුගෙන් එලෙසින් ප්‍රශ්න ඇසුවා
විදුර යම් අයුරින් පිළිතුරු දී නාරජ සතුටු කළා ද
එලෙසින් ම පිළිතුරු දී විමලා දේවිත් සතුටු කළා

294. විදුර පණ්ඩිතයා නාරජ හා විමලාදේවිය හොඳින්
සතුටු වූ බව දැන, ඔවුන් ගැන තිබූ බිය නැතිවුණා
තැතිගැනීම, ලොමුඩැහැගැනුම් නැතිවුණා
වරුණ නාරජුට මෙය කීවා

295. නාරජ, මිතුද්‍රෝහී වැඩක් නොවැ මා කරන්නේ කියා
කිසි හයක් ගන්ට එපා, ඒ මමයි දැන් ඇවිත් ඉන්නේ
මගේ හදවතින් හෝ මසින් යම් වැඩක් ඈත්නම්
තොප කැමති ලෙස කිරීමට මේ සිරුර දෙන්නම්

වරුණ නාරජ :-

296. සැබෑවින්ම පණ්ඩිතයාගේ හදවත නම් ප්‍රඥාව ම යි
අපි තොපේ ප්‍රඥාවට බොහෝ සෙයින් තුටු වුණා
පූර්ණකට මං ඉරන්දතී දුව කරකාරෙට දෙනවා
අද ම තොපව කුරුරටටත් පමුණුවනවා

මෙසේ කියා සතුටට පත් සිතින් යුතුව වරුණ නාරජ
පූර්ණක යක්ෂයාට ඉරන්දතී දුව දුන්නා. යක්ෂයා ඇය
ලැබීමෙන් ඉතා ප්‍රීතියට පත්ව විධුර පණ්ඩිතයන් හා කතා
කරමින් මෙය කීවා.

297. පූර්ණක යක්ෂයා ඉරන්දතී නාගකන්‍යාවී ලබා
මහා සතුටින් ඉපිල ගොස් පණ්ඩිතට මෙය කීවා

298. අනේ පණ්ඩිතය, තොප මා හා බිරිඳ එකට එක් කළා
මාත් තොපට දැන් යුතුකමක් කරනවා ම යි
මේ සක්විති මිණිරුවන මං තොපට පුදනවා
අද ම තොපව කුරු රටටත් ඈරලවනවා

විධුර පණ්ඩිතයා ඔහුට තුති පුදමින් මේ ගාථාව කීවා.

299. කච්චායන, තොප බිරිඳ හා ආදරයෙන් සිට
එක්ව පවතින ලෙස පවත්වව් නිති මෙත් සිත
අන් අයෙකු විසින් ඈය දිනාගන්ට නොහැකි වේවා!
මිණිරුවන මට දී ඉදිපත් නුවරට මා පමුණුවන්ට

300. පූර්ණක යක්ෂයා විසින් කුරුරට ඇමති ශ්‍රේෂ්ධයා
අශ්වයාගේ ඉදිරි අසුනේ හිඳුවා ගත්තා
අලාමක ප්‍රඥා ඇති පණ්ඩිතයා
ඉදිපත් නුවරට පැමිණෙව්වා

301. මිනිසුන්ගේ සිත යම් වේගයකින් යයි නම්
එයට වඩා වේගයෙන් අශ්වයා ගියා
පූර්ණක යක්ෂයා විසින් කුරු රට ඇමති ශ්‍රේෂ්ධයා
ඉදිපත් නුවරට යහතින් පැමිණෙව්වා

පූර්ණක යක්ෂයා :-

302. පණ්ඩිතය, ඔය පෙනෙන්නේ ඉදිපත් නුවරයි
රමා වූ අඹ උයනුත් මෙහිදි යසට පෙනේ
මා බිරිඳ හා එක්වූ සේ තොප සිය නිවසට ආවා

එදා අලුයම ධනංජය රජ්ජුරුවෝ සිහිනයක්
දැක්කා. රජුගේ මාලිගා දොරටුව අබියස ප්‍රඥාව නමැති
කඳ ඇති, සාඛා ප්‍රශාඛා ඇති, පස්ගෝරසයෙන් යුත්
එල ඇති, අලංකාර කළ ඇතුන් අසුන් ගැවසුණු, මහා
වෘක්ෂරාජයෙක් තිබුණා. මහජනයාත් ඇවිත් එයට මහා
සත්කාර කොට ඇඳිලි බැඳ වැන්දා.

එතකොට එක් කාලවර්ණ පුරුෂයෙක් රතු සළුවක්
හැඳ, රතු මල් කන පැළඳ, ආයුධ ගත් අත් ඇතිව ඇවිත්
මහජනයා හඬා වැලපෙද්දි ඒ වෘක්ෂරාජයා මුලින් සිඳ
ඇඳගෙන ගියා. ආයෙමත් එය ගෙනැවිත් කලින් තිබූ
තැන ම ප්‍රකෘතිමත් ලෙස වෘක්ෂරාජයා පිහිටුවා ගියා.

රජ්ජුරුවෝ ඒ සිහිනයේ අරුත් මෙනෙහි කරන්ට
පටන් ගත්තා. 'ඒ මහා වෘක්ෂරාජයා අනිකක් නොවේ.

අපගේ විදුර පණ්ඩිතයෝ ම යි. මහජනයා හඬා වැලපෙද්දී රුක මුලින් කපාගෙන ගිය පුරුෂයා අනිකෙක් නොවේ. අපගේ පණ්ඩිතයන් ගෙන ගිය මාණවකයා ම යි. ආයෙමත් ඒ වෘක්ෂරාජයා තිබුණු තැනට ම ගෙනැවිත් තබා ගියා කියන්නේ හෙට මාණවකයා විසින් පණ්ඩිත ව ආපසු කැඳවාගෙන අවුත් ධර්මසභා ද්වාරයේ තබා යනවා කියන එක ගැන යි.

ඒකාන්තයෙන් මං අද පණ්ඩිතයන් ව දකිනවා' යි සතිටුහන් කොට සොම්නසට පත්වුණා. මුළු ඉදිපත් නුවර ම අලංකාර කෙරෙව්වා. ධර්මසභාව සරසවා, අලංකාර රුවන් මණ්ඩපයේ ධර්මාසනය පනවා, එක්සියයක් රජවරුන්, ඇමතියන්, නගරවාසීන්, කුරුරටවාසීන් පිරිවරා "අද තොපගේ පණ්ඩිතයා දකිවි. සෝක නොකරව්." කියමින් මහජනයා අස්වසමින් විදුර පණ්ඩිතයා එනතුරු මග බල බලා ධර්මසභාවේ වාඩි වී උන්නා. පූර්ණක යක්ෂයා පණ්ඩිතයන් බස්සවා ධර්මසභා ද්වාරයේ පිරිස් මැද තබා, ඉරන්දතිය ගෙන තමන්ගේ දේවනගරයට ම ගියා.

303. පූර්ණක යක්ෂයා විසින් කුරු රට ඇමති ශ්‍රේෂ්ඨයා
     දම්සභාවට බැස්සුවා, හොඳ පෙනුමැති පූර්ණක
     ආජානේය අසුපිට නැග, අහසට පැන නැංගා

304. එය දැක රජ ප්‍රීතියෙන් ඉපිල ගොස් අසුනින් නැගිට
     පෙරට ඇවිත් දෙඅතින් වැළඳ ගත්තා
     ජනයා මැද නොපැකිළ අතින් අල්ලාගෙන
     ධර්මාසනයේ මුණලා පණ්ඩිතයන් හිඳුවා

     ඉතින් රජතුමා විදුර පණ්ඩිතයන් හා මධුර පිළිසඳර

කතා කරමින් මෙය කීවා.

305. සැරසූ රථය රියදුරා හරි තැනට ගෙනයන සේ
තොපත් අපව යහපත් තැනට ම රැගෙන යනවා
කුරුරට වැසියෝ මහත් සතුටට පත්වුණා
පණ්ඩිතයෙනි, මා අසන මෙයට පිළිතුරු දෙව
තොප කෙසේද ඒ මාණවකයාගෙන් මිදුණේ?

විධුර පණ්ඩිතයා :-

306. රජුනි, තොප යමෙකුට මාණවකයා යි කීවේද
ඔහු මිනිසෙක් නොවේ, බාගදාත් තොප අසා ඇති
ඔහු ය වෙසමුණි රජුගේ පූර්ණක යක්ෂ සෙන්පති

307. භූමින්ධර නාභවනේ වරුණ නාගරාජයා
හරිම ලස්සනයි, විසාලයි, ප්‍රභාශ්වරයි
ඔහුට අනුජාත ඉරන්දතී නම් නා දුවක් ඉන්නවා
පූර්ණකයාගේ ආසාව තිබුණේ ම ඇ ලබන්ටයි

308. සොඳුරු ළමැද ඇති ප්‍රියාවී පතා පූර්ණක යක්ෂයා
මා මරන්ට ම නොවැ බොහෝ වලිකෑවේ
අන්තිමේ මා ඔහුට ඇ සමගි කොට දුන්නා
මටත් මේ මනෝහර මිණිරුවන ලැබුණා

රජතුමනි, මේ උතුම් මාණික්‍ය රත්නය ගනු මැන." කියා ඒ චක්‍රවර්ති මාණික්‍ය රත්නය ධනංජය රජු අතට දුන්නා.

එදා හිමිදිරියේ රජතුමා දුටු සිහිනය ඉදිපත් නුවර වැසියන්ට කියනු කැමති ව "හවත් නගරවැසියනි, අද මා දුටු සිහිනය අසව්." කියා මෙය කීවා.

309. රජමැදුර අබියස මහා වෘක්ෂයක් තිබුණා
     ප්‍රඥාව නමැති කඳ, සිල්වත් අතුපතර එහි තිබුණා
     අර්ථයෙහි ධර්මයෙහි පිහිටි ඒ නුවණ රැක
     පස්ගෝරස එල ඇති තරම් දුන්නා
     ඇතුන් අසුන් එහි නිති ගැවසුණා

310. ජනයා නැටුම් ගැයුම් වැයුමෙන් එය පුද දුන්නා
     ජනයා පලවා හරිමින් කළු මිනිසෙක් එහි ආවා
     ඔහු රැක කපාගෙන ගියා, යළි නුවණ රැක ගෙනාවා
     ජනයනි, දැන් තොප මේ නුවණ රැක හොඳින් පුදව්

311. යමෙක් මා නිසා ධනය ලැබ තුටු වෙත් ද
     අද ඒ සියල්ලෝ හොඳින් සතුටු වෙත්වා!
     මේ නුවණ රැකට බොහෝ සත්කාර කරව්, පුදව්

312. මේ රටේ යම්තාක් සිරකළ සත්වයෝ වෙත් ද
     ඒ හැම සත්වයෝ සිරගෙයින් මුදත්වා!
     මගේ විධුර පණ්ඩිතයෝ මිදුණේ යම්සේ ද අද
     එලෙසින් ඒ සත්වයෝ සිරබැඳුමෙන් මුදත්වා!

313. මේ මාසේ කුඹුරු වැඩ නවතා නඟුල් උඩ තබත්වා!
     බමුණෝ ද මස් රසයෙන් යුතු මිහිරි බත් බුදිත්වා!
     සුරා බොනු කැමති අය බඳුන් උතුරන සුරා බොත්වා!

314. අන්තඃපුර ළඳුන් කුමාරවරුන් වෙසඟනුන් බමුණන්
     බොහෝ ප්‍රණීත බොජුන් පණ්ඩිතයන්ට යැව්වා

315. ඇත් අස් රිය පාබල සේනාවෝ ඉතා සතුටින්
     බොහෝ ප්‍රණීත බොජුන් පණ්ඩිතයන්ට යැව්වා

316. රැස්ව හුන් ජනපද නියම්ගම්වැසියෝ සතුටින්
     බොහෝ ප්‍රණීත බොජුන් පණ්ඩිතයන්ට යැව්වා

317. විධුර පණ්ඩිතයන් දුටු බොහෝ අය ඉතා තුටු වුණා ඔහු පැමිණීම නිසා පිළි හිස කරකවමින් නැටුවා

විධුර පණ්ඩිතයෝ බුද්ධ කෘත්‍යය කරන බුදුකෙනෙකු සෙයින් මහජනයාට ධර්මය දේශනා කළා. රජුටත් අනුශාසනා කළා. ආයු ඇති තෙක් සිට මරණින් මතු දෙව්ලොව උපන්නා. පණ්ඩිතයන්ගේ අවවාදයට අනුව කටයුතු කළ රජු ඇතුළු පිරිසත් කුරු රටවැසියනුත් දානාදි පින්කම් කොට මරණින් මතු දෙව්ලොව උපන්නා.

"මහණෙනි, තථාගතයෝ ප්‍රඥා සම්පන්න ව, උපාය කුසලතාවයෙන් යුතුව සිටියේ දැන් පමණක් නොවේ. පෙරත් එසේ ම සිටියා. එදා විධුර පණ්ඩිතයන්ගේ මාපියන් ව සිටියේ ශාක්‍ය රාජකුලය යි. ප්‍රධාන බිරිඳ ව සිටියේ රාහුලමාතාව යි. වැඩිමල් ධර්මපාල කුමරු ව සිටියේ අපගේ රාහුලයෝ. විමලාදේවී ව සිටියේ උප්පලවණ්ණාවෝ. වරුණ නාරජ ව සිටියේ අපගේ සාරිපුත්තයෝ. ගුරුළු රජ ව සිටියේ මහාමොග්ගල්ලානයෝ. සක්දෙවිඳු ව සිටියේ අනුරුද්ධයෝ. ධනංජය රජ ව සිටියේ අපගේ ආනන්දයෝ. පූර්ණක යක්ෂයා ව සිටියේ අපගේ ඡන්න. කුරුරට වැසියන් ව සිටියේ බුදුපිරිස යි. විධුර පණ්ඩිත ව සිටියේ මා ය" කියා භාග්‍යවතුන් වහන්සේ මේ විධුර ජාතකය නිමවා වදාළා.

මහාමේඝ ප්‍රකාශන

● ජාතක කථා පොත් පෙළ :

කොටස් වශයෙන් පළවන, ජාතක පොත් වහන්සේට අයත් කතා වස්තුන් "නුවණ වැඩෙන බෝසත් කථා" නමින් පොත් 53 ක් මේ වන විට එළිදක්වා ඇත.

● අලුත් සදහම් වැඩසටහන :

● සදහම් සිතුවම් පොත් පෙළ :

43. සාරිපුත්ත මහරහතන් වහන්සේ
44. පුණ්ණ දුගියා
45. උත්තරා
46. චුල සුභද්‍රා
47. අංගුලිමාල මහරහතන් වහන්සේ
48. අසද්දිසි දානය

- ## ඉංග්‍රීසි භාෂාවට පරිවර්තනය වී ඇති ධර්ම දේශනා ග්‍රන්ථ :

01. Mahamevnawa Pali-English Paritta Chanting Book
02. The Wise Shall Realize
03. The life of Buddha for children
04. Buddhism
05. Arahant Kondanna - The First Bhikkhu
06. Dependent Origination
07. Buddha - The Marvelous Sage

- ## ඉංග්‍රීසි භාෂාවට පරිවර්තනය වී ඇති සූත්‍ර දේශනා ග්‍රන්ථ :

01. Stories of Ghosts
02. Stories of Heavenly Mansions
03. Stories of Sakka, Lord of Gods
04. Stories of Brahmas
05. The Voice of Enlightened Monks
06. The Voice of Enlightened Nuns
07. What Does the Buddha Really Teach? (Dhammapada)
08. What Happens After Death - Buddha Answers

09. This Was Said by the Buddha
10. Pali and English Maha Satipatthana Sutta

- ## ඉංග්‍රීසි භාෂාවට පරිවර්තනය වී ඇති සදහම් සිතුවම් පොත් :

01. Chaththa Manawaka
02. The Great Arhant Bahiya Darucheeriya
03. The Great Arhant Pindola Bharadvaja
04. Sumana the Novice monk
05. The Great Arahath Bikkhuni Ambapali
06. The Great Arahant RattApala
07. Stingy Kosiya of Town Sakkara
08. Kisagothami
09. Sumana The Florist
10. Kali She-devil
11. Ayuwaddana Kumaraya
12. The Banker Anathapindika
13. The Great Disciple Visākhā
14. Siriguththa and Garahadinna

9 786245 524204